別讓情緒毀了你的努力

劍聖喵大師——著

自序

十年前的你，願意犧牲多少來改變命運？

劍聖喵大師

十七歲高三那年，班主任走進教室，大家都看到她背後拿著我的週記本，同桌的女生笑兮兮地和我說：「恭喜你啊，老班又要表揚你了。」

誰知班主任講了一會兒課就開始說：「當語文老師這麼多年，我最恨兩種人，一種是心思不在學習上的人，另外一種是韓寒那樣狂妄的人。我們班恰好有一個這樣的人，他沒有韓寒的才華，卻有韓寒的盛氣凌人。」

我想起我在昨天的週記裡引用了韓寒的名句：「在這個社會裡，囂張的人必定有自己的絕活，因為沒絕活的人，囂張一次基本上都掛了。」

班主任接著說：「你有什麼絕活？上來表演給大家看看！」

我不知道自己已經被班主任討厭了，我在臺上表演了一個《三國戰記》裡張遼的飛踢，這是下課後練了好久的絕活。

全班哄堂大笑，班主任趁機嘲諷道：「有些人啊，街上的電子遊戲機打多了，腦子不正常了，還囂張呢，估計和韓寒一樣大學都考不上。」

我氣極了，我討厭老師當眾侮辱我曾經的偶像，我回敬她：「妳一個破語文老師，有什麼資格評價韓寒，妳有他賺的多嗎？」

班主任叫我滾出去，我在教室門口哭了一節課。

自此，我遭受了全班的孤立。也許大家都以為成績全班第一應該更受老師喜愛才對，這話不盡然，像我這種怪胎就不一定了。

某天，歷史老師從我身旁路過時，悄悄在我耳邊講了一句話：「你們班主任快調走了！」我還來不及反應，她就快步離開了。

兩週後，班主任被調到其他學校去了，聽說是得罪了學校主管。

晚上睡覺時，某男生陰陽怪氣地說：「老班被人擠走了，你們知道嗎？有些人真是牛啊，背後花了多少錢也不知道，真他媽小人。」

我反駁了一句，他立馬一拳就打過來，我立即和他扭打起來。室友立馬來勸架，不過他們勸架是有選擇性的，就是我被打時，他們是放手的，我剛想還手，他們就來拉。

第二天，新的班主任幫我換了宿舍，她覺得我有機會成為韓寒一樣的人。

高完大學公布分數那天，我考了全校第一名，我親眼見到有幾個男生當著我的面把書砸在地上。

十八歲正是春風得意的時候，大一那年我作為志願者攙扶了一位老教師進場演講，和藹的老人笑嘻嘻地問：你念什麼專業的？

「心理學！」我告訴他，說我將來要成為佛洛德那樣的心理大師。

老人說他相信我，希望我再接再厲。

老人進場演講時，他說了自己的名字，我那時才明白，他就是學校裡傳說中的盧老，心理學大師皮亞傑的中國學生。

十九歲是沉淪迷茫的時期，大二下學期那年，因為受到點今天看來微不足道的挫折，就自暴自棄躲進了網路世界裡。那時，在魔獸世界裡活得一塌糊塗，我至今都記得拉格納羅斯的名言：「讓烈焰吞噬一切」。

我學會蹺課、逃寢，跑到學校對面網咖玩得昏天黑地，我絲毫不感覺自己頹廢，因為我是全伺服器最大公會「失樂園」的會長啊，我靠賣遊戲裝備換金幣，一天可以賺八十塊人民幣哦，剛好抵我的網路費和伙食費。

二十歲大三那年，我已經有八門課都不及格，全班只有一個人還理我，那就是學習委員蓓竹。她雖然是系花，但我給她取名老妖婦，因為她總是在我玩遊戲的時候打電話來。

後來，遊戲打得太沉迷的我，錢包被人偷了，我無奈只有請蓓竹來網咖救我。當我提出想還錢的時候，蓓竹說：「明天有省首席心理專家趙教授的課，你去上一節，這錢就不用還了！」

這事改變了我，蓓竹和趙老師用了一個小小的陰謀，把我從沉迷遊戲裡拯救了出來。你問我當時為什麼不追蓓竹，我覺得我這樣人，實在是配不上她吧！

二十一歲大四，我在馬政經老師家門口蹲守了一天，就為了讓她給我補考。用她的話說，我實在是太奇葩了，開卷考都不來。

馬政經老師請我給她個理由，我把我的故事吹噓給她聽了，她老公無比感動地說：「這孩子浪子回頭，妳就幫他補考吧！」

二十二歲，我考上了趙老師的研究生，我跟著他走遍了雲南的所有地方去演講，他的講座風格非常特別，我除了幫他提包包和做簡報，還悄悄把他的演講技巧在腦袋裡學得滾瓜爛熟。

某天趙老師告訴我，男人獨當一面的象徵就是「街上看見什麼館子，價格都不用看，可以直接帶著人進去吃」！

「老師，我三十歲就可以達到這個目標。」我趕忙表現自己。

「你還嫩著呢！」他不屑一顧地打擊我。

二十三歲，我跟著趙老師做一項省級課題，跟隨一群領導來到某中學調查研究時，見到了當年高中調走的班主任，她看見我也無比震驚。

她悄悄和我說：「你飛黃騰達了嘛，你和教委的主管很熟嗎？」

我連忙糾正她：「這不是教委，這是教育廳的人，我是跟著趙老師來做課題的。」

她疑惑不解地問：「什麼課題？就是寫教材嗎？能把我寫進編委嗎？老師老了，職稱上不去很著急！」

我一時間不知道怎麼回她。

二十四歲，我在某中學當實習心理老師，一個女生在週記上這麼寫：老師他憨豆似的外表下，有一顆別人看不見的雄心壯志。

我第二天把她叫出來談話，說不準幫老師取外號叫憨豆。她像個小精靈似的笑了，我也被她逗的笑了起來。

她離開辦公室時，我不斷地在想，果然家境好的頂尖中學女生就是不一樣啊，這麼醜的校服都能穿出美感，簡直清新脫俗。

二十五歲，我進入大學工作，剛好省裡面第一次舉行高校心理學教師教學比賽，我就報名參加了。也許大家的教法都太嚴謹了，我深得趙老師武功的真髓，把整場氣氛調動的很好，成功奪得了第一名。

二十六歲，我在邊疆貧困地區支教[1]，我中文數學英語都教，但學生學習積極性太差了，尤其是英語。

班上有個男生說：「老師，我學英語幹什麼？我難道放羊時，對著羊說Go!Go!我這一輩子就想留在鄉里，這裡有優酪乳喝。」

我說：「你不要想著總在鄉里，你將來還會去昆明，去北京，甚至去到巴黎，英語很有用的！」

男生說出了一句話把我噎得半死，男生說：「那老師，你怎麼還從昆明下來這。」你要老師怎麼解釋給你聽，什麼叫職場人際鬥爭嗎？

二十七歲，我在支教的地方寫書。

二十九歲時，我在新書簽售會上看到了很多讀者，那一剎那我以為自己是歌星。一個

1　編注：支教是指在中國支援落後地區鄉鎮中小學校教育和教學管理工作，又稱義教。

長得很像林志玲的女生問我：「喵大師，如果你能見到十年前的自己，你會對那個自己說句什麼話？」

告訴他五百萬彩票中獎密碼？告訴他一定要追蓓竹？告訴他一定提醒人們在地震之前趕緊去避難？我不知道答案，我陷入苦思中。

我隱約看到一個人，他灰頭土臉的，鬍子很久沒刮了，飽經風霜的臉上有一雙堅毅的眼神，但眼神裡充滿了疲憊也充滿了溫柔。

「你是誰？」

「我就是十年後的你啊！」

「我才不想成為你這樣呢！」

「那好啊，就看十年前的你，願意犧牲多少來改變命運囉。」

我突然想到答案了，我告訴台下的讀者，如果我見到十年前的自己，我會問他：「你願意犧牲多少，才不會成為十年後的這個自己？」

Contents

PART 2 想擁有高情商，你得先學會好好說話

PART 3 想掌控情緒，請別放任情緒傷己傷人

Contents

PART 1

想讓你的情緒有價值，請別錯過覺察自我的機會

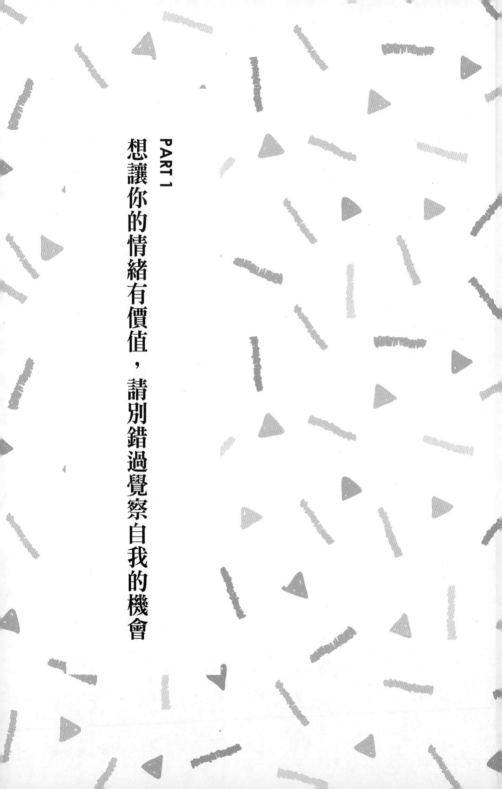

學會「發脾氣」吧！

白博士自從被校長以人才引進的方式聘入A大學以後，就一直過得很彆扭，跟自己過不去，也跟別人過不去。

每年的課題，白博士唯一能拼一拼的只有國家自然基金，因為國家自然基金即便沒被選中，也會有評審意見，你可以想辦法完善研究，來年再次申請。

至於省裡的專案，就只會有個結果，而那個結果裡從來沒有他。相反，結果中有一大半是高校領導和學院負責人，某些課題更是被幾所重點大學瓜分。哪怕是本校的課題，白博士都沾不上邊，被學院的某個學術大老闆和他的門生們包攬。

其實，白博士知道，這並不是外來的博士不會念經、技不如人，而是在「近親繁殖」的學術陋習裡，他就是個不願跪舔，只一心做科學研究的怪胎。

白博士看淡了職稱和前途，打算做個專心培養學生的好老師。他帶領學生參加本專業的全國技能大賽，多次打敗雙一流院校獲得一等獎。遺憾地是，最後發下證書來的時候，白博士驚訝地發現，獎狀的指導老師多了很多人，而他從第一位順位挪到了第四位。至於前三位老師，在準備比賽、輔導學生的每個日日夜夜裡，從來不見他們出現。

其中還有位比他年輕的老師，本科畢業就留校任教，就因為他和學校領導有著某種關係，而這種關係還怎麼也打聽不到。

白博士時常在內心中問自己，自己國外名校博士後的身份，說到底還是比不上領導的一個遠親嗎？

沒關係，白博士已經決定佛系下去了。

可是他仍然按耐不住內心深處的激情，報名參加了學校的講課比賽，在臺上他豐富的知識，對學生關懷備至的態度，和成熟幹練的教學技巧惹得全場掌聲熱烈。

可結果下來，他依舊是最後一名。

計分的同學悄悄告訴他，學校的那位學術大老闆給他打了零分。

白博士從此不再參與學校的任何評比，他不斷在國際重要期刊發表論文，受邀到權威會議上做分享。終於有一天，他拿下國家自然基金青年專案，這是一項重大成就。可這依舊不影響他年終考核，根本評不上「優秀」，而拿不到優秀就無法晉升。

白博士有一句話很經典：

「本校就是一個養老院，實驗室老大是皇帝，年輕老師是護士，而研究生就是僕人。」

白博士找到了當年把他引進來學校的陳副校長，訴說了自己的艱難處境，陳副校長如此回他：「白老師，也許很多事情的結果會讓你非常失望，但換個角度說，這是你出戰更大舞臺的一種預演。」

白博士徹底絕望了。

我建議白博士發兩則訊息，一則給陳副校長，一則給學術大老闆。他起初強烈反對，認為這樣會出大事，我耐心說服了他，他決定一試。

發給陳副校長的是內容是：「陳副，或許我可以成為國內本專業最有影響力的學者之一，但這也改變不了這個學校像您一樣欣賞我的人確實不多，這一個悲傷的事實。我時常在內心中想，為什麼我的舞臺只能在外面而不能在裡面呢？」

陳副校長回：「雖然牆內開花牆外香，但讓你有這麼多的失望，學校需要給你更多的支援和關懷。」

發給學術老闆：「老師，聽說您在教學比賽時給我打了零分。其實您可以和我直說，因為您的建議和幫助，我才能得到巨大的進步。如果您為了保護我的自尊而悄悄打了零分，這會讓很多人誤解您在打壓年輕人，這不利於您的學術名聲。」

學術大老闆沒回。

幾個月後，在一次課題評審會議上，陳副校長特別講了一段關於白博士的學術成就。評審結果最低也沒有零分，有六十分了。

白博士的課題順利通過。

當代人對人際關係有個很大的誤解，他們認為「沒脾氣」是有修養的上等人。杜月笙有這麼一句名言：「頭等人，有本事，沒脾氣；二等人，有本事，有脾氣；末等人，沒本事，大脾氣。」

結果，很多人遇到人際衝突時，第一時間選擇退讓。當別人侵犯你的權利，會第一時間選擇退讓，然後告訴自己抱怨是沒用，要努力變得強大。

奇怪了，事事都選擇放棄，你用什麼去強大。這個世間有哪條路可以規避人際矛盾，一門心思努力就可以成功？

沒脾氣的人，往往淪為了被欺負的對象。

人們都搞錯了一件事情，「脾氣好」和「沒脾氣」是兩個概念。

陳丹青這麼說過：「我幾乎從來不生氣，因為我認為沒必要，有問題就去解決，不要讓別人的錯誤影響自己，但我不生氣，不代表我沒脾氣。我不計較，不代表我脾氣好。如果你非要觸摸我的底線，我可以告訴你，我並非良善。」

在「多一事，不如少一事」思想支配下的人，他們很難意識到一件事，那就是人際衝突是一種機會，衝動這種情緒有著潛在的巨大價值，前提是你要學會，不要把衝突變為破壞性衝突。

衝突可以幫助我們瞭解自己潛在的弱點是什麼，它讓我們知道，我們有凝聚好奇心和勇氣的能力，它能幫助我們走出被動挨打的惡性循環，幫助我們學會更優雅和更具技巧性的方法解決問題。

那高情商的人，是怎麼樣在衝突中「發脾氣」的呢？

1.學會減少對話的攻擊性，把「你需要」改為「我擔心」。

很多讀者會發來這樣的訊息：「你不要一直寫這些垃圾又沒營養的熱門議題，你的初心呢？」

我理解讀者對我的抱怨，但他這樣的表達方式，我是不會聽的，因為這句話充滿了責備。

鄉民在互相吐槽時，很喜歡以激動的言詞開頭，這樣的對話是毫無意義的，這會把對方最糟糕的一面引導出來，自然沒辦法理解你的意圖。

假設自己和對方最好的一面在交談，不妨改成這樣：「老師，我擔心你寫太多的熱門議題，會丟失你原本的忠實讀者。那些情緒偏激的人始終不是您的受眾，您這樣會不會有點挖肉補瘡？」

這句話就把一種責備改成了一種關心，這樣就不會激發對方的阻抗，讓人更容易注意到你的觀點。

當然還有些讀者很希望我寫熱點，他們這麼說：「作為一個教育家，張木易戀童那事你居然不發表評論，要臉嗎？」

其實不妨改為：「老師，張木易戀童事件我期待您的答覆，這樣相差十一歲的戀愛讓網路壓倒性鼓掌，這會不會讓很多未成年人步入歧途，這不是您所希望看到的吧？」

劍客不輕易出劍，出劍就要見血，說話也是一樣。其實沒攻擊性的言語，更有殺傷力，因為對方會聽。

2.不要拼命強調自身立場，放棄指責對方，共同瞭解全面狀況。

其實從前面的故事來看，陳副校長是有可能幫助白博士的，他對白博士遭遇抱有同情，同時也是他引進的人才。

但他認為，發生這一切不是他導致的，而幫助你，會浪費他的政治資源，所以他只能說一些安慰的話。

如果此時接受了這些空頭安慰就退下，那他也就覺得他盡到他的義務了；但如果此時指責他，他會急於撇清自己的責任，這會讓他更不願施加援手。

你要學會讓衝突的誘因明朗化，讓他能夠明白衝突繼續的話，會有什麼樣的後果，這會讓他重新評定干預的利弊。

白博士的話就在告訴陳副校長，如果白博士在外面繼續變強的話，將來會有足夠資源和學會大佬正面對抗，這樣的矛盾會有不可預估的後果，會波及到他。於是，這位校長做了有限程度的平衡。

電視劇中，我們常常見到這樣的場面。一個人說自己多麼辛苦，為組織做出了巨大的犧牲，為委員長流過血，為黨國負過傷！你們怎麼能這麼對我，放開我！我要見上級！這樣的抱怨沒用，全因為單純考慮了自己的立場。，別人是不會理解的，每個人都只會優先考慮自己的立場。

我們不妨利用這一點，把「我被不公平對待」改為「這樣下去會影響你」，這樣的抱怨就有更大機率贏得對方幫助。

你無法完全避免衝突，也很難改變別人在衝突中的爛脾氣，但你能改變你自己的表現。

這個世界有很多人，他們習慣性的把人的單純與真誠當作愚蠢，從而實現自我利益最大化。

精明永遠逃不過時間，沒有誰會永遠被騙。其實真正的傻子，是那些把別人當傻子的人。

所以，不要放棄你的脾氣，這是你對抗他們一件最為強大的武器。

亞里斯多德說過：「每個人都會發脾氣，這個很容易做到。但是，要把脾氣發在正確的人身上，用恰當的程度，在恰當的時間，為正確的目的，要做到以上這些卻並不容易。」

一個人的胸襟不是被「不理解」、「受冤枉」、「吃悶虧」撐大的，我之所以不發火不是因為我能忍，而是因為我不發火，照樣可以阻止你。

想成功，先騙過自己的大腦

在我的心理課程中，有一項非常獨特的期中作業，我已經堅持了六年。能完成這項心理作業完成的優秀之人，都已經在企業裡小有成就，未來說不定大展宏圖。但我漸漸發現，這個作業的品質一屆比一屆差，越來越多的人沒辦法完成。

這個作業就是：學生以十二人為一組，用手機拍攝一段小短片，時間在五到十分鐘左右，內容要反應大學生心理變化。

這個作業一方面是因為每年省裡面都會辦心理劇大賽和心理微電影大賽，我是為了選拔人才參加比賽，但更重要地，是為了告訴學生一個淺顯的道理：

「很多事情，看起來很高大上，實際做起來不難！」

李敖有一句話，在我年輕時就深得我心：「人生第一快樂是做到自己認為自己做不到的事，人生第二快樂是做到別人認為自己做不到的事。」

可以說，我今天還過得不錯，某種程度上得益於我對這句話的深入理解。

出身寒門的我們，從小到大都經歷了父母的不斷「潑冷水」，經歷了「隔壁家孩子比較好」的打擊，有一個觀念其實早早地就被植入了我們心中，那就是「我不行」。

心理學研究顯示，「自我設限」會極大地影響一個人在社會上的地位。

自我設限就是在自己的心裡面默認了一個「高度」，這個「心理高度」常常暗示自己：這麼多困難，我不可能做到，也無法做到，成功機會幾乎是零。想成功是不可能的！

「心理高度」是人無法取得成就的重要原因之一。它是一塊巨石、頑石，在人生及事業成長道路上，阻礙著人們前進。

自我設限也不是完全沒有好處，它避免你把所有的資源投入一場不可能贏的戰爭裡，比如應試教育這種單一評價機制，或是「別人家的孩子更優秀」這種父母心中無厘頭的內心錯覺。

自我設限，是為了保護你的自我不被外界完全擊垮。但大腦是懶惰的，它很難同時思考兩件截然相反的事情，它會對你的人生產生一個否定性錯覺，即「我不是那塊料」，用以繼續逃避現實。

李敖還有一句話說的就是這件事：

「前進的理由有一個，人們在找出一百個理由證明自己不是懦夫，卻不肯找出一個理由證明自己是勇士。」

李敖是個不斷打破自我設限的人，但他沒有意識到，人這麼做並不是因為是自己是懦夫，而是因為大腦中有一台「超級否定電腦」在運轉。在任何事情面前，大腦會先輸入「做不到」這個概念，還沒有開始做，它就會想像這件事的災難後果（被同學嘲笑、被父母批評、被主管羞辱）。

帶著這種心態，這件事的完成度肯定是很低的，最後就真可能發生大腦之前擔心的災難後果，於是大腦就會對你說「看吧，我說的沒錯吧！」，進一步強化這種消極記憶。

但進入大學乃至進入社會，評價機制多元化，社會競爭殘酷化，你就需要學會解除自我設限。

想要做到這件事，在歐美電影裡，你得目睹身邊重要的人離開；在日本動漫裡，你得在強大的敵人面前瀕臨死亡；在印度電影裡，你需要學會跳一隻舞；而在中國宮鬥劇裡，你需要經歷閨蜜背叛、綠茶婊挖眼、丈夫出軌等折磨。

其實解除自我設限沒這麼難，沒必要付出這麼大的代價。只需要從小事做起，然後有一個能對你的成果進行積極關注的評價者。

我的心理作業就是為了達到這個目的，學生拍出來的小影片，肯定會比他們心中的電影要差很多。但只要在課堂上播放，由於更加接地氣，會引來一陣陣笑聲和掌聲。而我只需要對裡面的優秀的點進行放大化表揚，表現出一種對學生成果高於預期的驚訝，就能增強學生的自我效能感，鼓勵他們在大學不斷嘗試。

日本神經心理學家西田文郎把這一技巧稱之為「錯覺的法則」，它的核心在於識破大腦的偷懶詭計，摧毀大腦中的「否定電腦」。

意即我們需要通過一些小事，讓學生認識到「這些都是錯誤」，讓大腦意識到「災難性後果」根本就不會發生。用大腦習慣的方式製造出「肯定性錯覺」，鞭策個體為改變自己的命運付出努力。

人最大的痛苦就在於，有著很強欲望，卻沒有與欲望相匹配的自律和自信去達成目標。西田文郎認為，所謂自信和自律都是需要欺騙大腦的，經過他對大腦四十五年的研究，讓大腦認為正確的事情，其實百分之九十九都是錯誤的。

成功會垂青欺騙大腦的人，而失敗會造訪被大腦欺騙的人。

有一招，我擅長使用來欺騙我的大腦，那就是：

「我別無選擇！」

正因為我發現大腦有這樣一個習慣，一般它會根據本能先有了決定，然後大腦會開始搜索相關證據去支持這個決定，同時會忽略相反決定的依據。

當我本能不想做一個事情時，我會第一時間想到「我時間不夠」、「我能力不足」、「條件不成熟」、「風險太大」等理由。

即便有人告訴我做這件事「能賺很多錢」，我硬著頭皮去做了，心中就會產生這樣的觀念：「雖然本能告訴我不要去做這件事，但這件事很賺錢，我姑且一試吧！」在這樣的觀念下做事，結果往往不盡如人意，因為這樣的觀念會在潛意識中限制你的投入也就限制你的智慧。

所以我換了一種本能，那就是「我不得不做」！

當平臺邀請我在網上講課時，我第一時間也感到焦慮，萬一講不好被千萬人唾罵怎麼辦？

「我別無選擇！」這五個字立馬就出現了。

我大腦中立即浮現出了那一幕，當我花了幾個月寫出來的論文要拿第一時，某位教授悄悄跑了上去，和評委們協商了下，把我的改成了第二名，把另外一個他看好的人作為第一名推薦進了省裡。至於他推薦的人至今都無法在更高平臺取得顯著成績，這重要嗎？不重要。

你是不是覺得自己窩囊，是不是覺得生氣，是不是覺得自己面前擋著一座大山，永遠無法翻過去。

那時，我的胃裡像爬進了一隻蠍子。

教授給你的理由很簡單：你的研究沒他的有價值，只不過靠著口才欺騙到了評委。

教授太自信了，自信到認為所有評委都會看他臉色行事；我也太自信了，自信到相信通過努力就可以顛覆「潛規則」。

那一刻你必須明白，如果你想跳出這個閉環，你就必須去更大更廣更新的天地裡去戰鬥。所以我「別無選擇」。

其實理性地說，我怎麼可能沒選擇。

身邊多少人選擇了放棄，選擇了妥協，選擇領死薪水的穩定。反正又餓不死人，慢慢熬著吧，熬不出頭還可以罵單位兩句不是嗎？

其實再理性地說，混著也沒我說那麼慘，也是可以追求家庭幸福的嘛，把精力用去教育孩子，這也沒什麼失敗的。

我對自己的暗示太強了。為了說服我自己導向成功一面，我的大腦已經成功被我「欺騙」了，它無比地相信，如果此時後退，那是死路一條。

不過嘛，我之所以對這樣的「錯」放任不管，是因為這個錯覺此刻是能幫助我成長的，如果這個錯覺已經不適合我生活的那天，我相信自己有能力把它糾正過來。

和自己的大腦鬥智鬥勇，是我一輩子的樂趣。

可惜地是，我這項拍影片的作業可能不能堅持下去了，因為那些早早就斷定自己無法完成作業的人，為了避免無法通過或者被我罵這種後果，去教務處告狀了。他們的理由是，他們不是電影專業的學生，不可能完成這種作業。

我告訴上頭主管，類似抖音、快手一類的短片已經紅遍全網，這個任務真心不難，不需要是電影專業的學生。

但主管告訴我，多一事不如少一事，當老師要學會「佛系」一點。

我又想起李敖的一句話：只有性格上大智大勇又光風霽月的人，才能自己同自己作戰，以今天的自己和昨天的自己作戰。隨著李敖的離開，我想能同自己作戰的人，恐怕會越來越少吧！

成功的人生一開始是觀眾，接著是演員，最後是後臺老闆。

自我設限的人，最喜歡的便是當觀眾，因為當觀眾是最「舒適」的，演員要付出辛勞，而老闆要擔當風險。

如果交代作業給觀眾，那就是大大的不敬，我只想坐在沙發上吃著爆米花看你表演，你給我添什麼麻煩啊！

我也曾常年當觀眾，然後我突然有一天發現，在生活這場戲裡，當觀眾是最危險的。因為不上臺的人，最終會被生活逼著加戲，這樣的戲多半是原諒他人，被對方傷害，被對方背叛，為某某人付出的戲。這樣的戲不僅很難退場，還連便當都拿不到。

所以，人生這場戲，必須得親自編劇，親自扮演。畢竟李敖還有句話：

「停在蒼蠅拍上的蒼蠅，才是最安全的。」

「被欺負」的本事

有一款女生熱愛的手遊叫《戀與製作人》，裡面有一位二十六歲就當博士生導師兼教授的許墨博士，讓無數少女為之尖叫，瘋狂「課金」。

可我的好友石博士，快三十歲了，都還在讀著博士後。

據說他有一天去相親，對方問他三十歲了有多少存款？石博士悄悄地結帳離席了，要知道這個問題，對他的心靈是一種精神暴擊。

為什麼呢？

由於石博士特別能出成果和吃苦耐勞，於是被博士生導師當作了壓榨剩餘價值的機器，一再延遲他畢業。

他帶領著眾多學弟學妹，在導師自己開的公司裡從事「實習活動」，然而他們團隊拿到的報酬，只有外面市場上的團隊的三十分之一不到。

他的論文成果早就達到畢業條件，可依舊被指導老師拖著不畢業，後來實在沒辦法，老師讓他畢業了，卻又被老師逼著在博士後站賣苦力。

石博士出身寒門，家裡十分困難，還有一個妹妹等著他供她讀書。他多次向導師提出自己想去高校教書的請求都被老師否決，老師甚至威脅他，他一個招呼就可以讓石博士在學術界名聲掃地。

他一度自我懷疑自己是不是笨，達不到學校的畢業標準。終於有一天，石博士發現自己被指導老師綁著，不是因為他「創新能力不足」，也不是因為他「深受賞識」，而是因為他比起其他人來，更願意付出一切來換那一紙學位。

那段時間，石博士覺得自己很抑鬱，多次去心理科求診。但他依舊天天從老師那攬事情做，並不斷被老師羞辱。在我看來，這叫「習得性無助」。

美國心理學家塞利格曼用狗做了一項經典實驗，起初他把狗關在籠子裡，只要蜂音器一響，就給以難受的電擊，狗關在籠子裡逃避不了電擊。

多次實驗後，蜂音器一響，在電擊前，他會先把籠門打開，此時狗不但不逃，而且會在電擊開始之前就開始呻吟和顫抖。

本可以逃跑，卻絕望地等待痛苦來臨，這就是習得性無助。

當石博士和我說了他的遭遇後，本來他以為我會像他其他朋友一樣，安慰一下他，然後祝願他的指導老師明年放他走。

我不願意這樣，我告訴他不要勉強自己繼續為導師賣命了，也不要隱瞞病情了，就整個人垮掉吧！

石博士不解。

我解釋道：「如果你以前拼命證明自己優秀，沒法讓你畢業的話，不妨試試證明自己是個廢人！」

這叫「反生產行為」，當權力者利用欺負行為做為控制手段，試圖混淆利益分配和晉升政策時，「反生產行為」能有效威脅權力者的心理自信。

其實石博士逃跑的大門，是開著的，因為他罷工就等於小組罷工了。

過幾天，石博士就因為憂鬱症住院了，理由是三十歲去相親的時候被人問到存款，結果精神崩潰了，我請他把這個故事戲劇化地講給了幾個八卦人士。

這件事被當成故事傳遍了整個學院，院長開玩笑似地問他導師：「你對學生是不是太嚴厲了」，一位同情他遭遇的老師甚至願意把他調到自己的組裡去。

石博士住院期間，他的指導老師很多工作癱瘓了。這時，那位老師終於知道，自己是留不住這個人了。

第二年，石博士順利拿到一所大學的教職。

情緒不成熟的人，他在被欺負時，他大腦中總是思考一個問題：「他為什麼這麼對我？」

石博士是可以通過不斷抗爭擺脫他導師，只是他困在了一個認知陷阱，即「我並沒有做錯什麼，他不應該這麼對待我啊！」

實際上，一個人對另外一個人發出惡意攻擊，純粹是因為自私，甚至不需要理由。在錯誤的認知下，人們在惡意面前，會顧影自憐，內心不斷聲討對方，彷彿對方有可能突然良心發現，從而撤回惡意攻擊。

這會產生強大的情緒負荷，浪費寶貴的時間，讓一個人沉浸在痛苦的虛無哲學裡，進而享受痛苦。還會讓一個人把心思都用在「如何討好傷害者」上，徹底忘記其實有人悄悄愛著他。

有時候，逃跑比留在原地受折磨，更需要勇氣。

羚羊如果能跑得過獅子，就能生存；如果跑得慢，抱怨獅子殘暴沒有任何作用，只能淪為獅子的口中餐。

欺負人不算一種本事，當學會戰術性的「被欺負」，絕對是一種天大的本事。

《棋經十三篇》：古之善理者不師，善師者不陳，善陳者不戰，善戰者不敗，善敗者不亡。

善敗者不亡，是一個人戰術的最高境界，它的意思是，在強大力量面對，不要拒絕失敗，你得學會失敗時，不會被打的丟盔棄甲，被人欺負時，不會被打的遍體鱗傷。

諸葛亮在《漢書》中為「善敗者不亡」增加了新的解釋，遇上失敗，要拋棄自己的自尊心，利用現有條件反擊或者向敵人的敵人求助。他舉了楚昭王被吳國打敗逃秦借兵的例子。

實際上，真正把這個戰術用到極致的，是諸葛亮一生的敵人——司馬懿。

司馬懿說過：「一心只想著贏的人，就真的能贏到最後嗎？打仗先要學的是善敗，敗而不恥，敗而不傷，才真的能笑到最後。」

司馬懿知道自己在戰術上無法和諸葛亮抗衡，於是他選擇消極避戰，每次諸葛亮都能在局部地區小勝，但是諸葛亮七次北伐卻沒有辦法贏得主導戰局的軍事成果，最終病死在五丈原，蜀國也耗盡國力。

諸葛亮曾經打敗曹真後，寫信羞辱他，曹真直接被氣死。當諸葛亮因為司馬懿避戰，派人送去女裝羞辱司馬懿時，司馬懿卻淡定地穿上，更在渭水邊吟誦起了《出師表》。

這招神補刀反而傷到了諸葛亮，諸葛亮想起自己的雄心壯志，想起劉備的恩情。而這司馬懿居然死豬不怕開水燙，硬是躲著不出來，自己根本傷不了他，頓時情緒崩潰。

這就是善敗的力量。

教育界有一個難題，即「孩子被欺負時，要不要教他打回去？」

若是教他打回去吧，會讓孩子變得暴力，說不定孩子還會受更多的傷害；若親自去威脅對面吧，有那麼點不體面，還會激化矛盾。

不打回去呢，孩子內心非常的委屈，還顯得自己不站在孩子這邊，膽小怕事。

面對這狀況，我們不妨教育孩子「善敗」，即我們有什麼樣的戰術可以避免自己與力量強大的敵人正面對抗，又可以在這個過程中，減弱對方的實力，減少自己的損傷。

心理學家李松蔚講過他的一個育兒故事。他不到五歲的女兒被朋友在手上劃了塗鴉，起初他教育女兒要學會嚴厲地對朋友說「不行」。後來他發現嚴厲拒絕是行不通的，這是成人的生活邏輯，而小孩子的世界是一個野蠻生長的無序世界。

後來他的女兒自己想出了解決方法，那就是對朋友說：「你畫吧，畫在我手上洗不掉的，畫了以後我們就再也不是朋友了！」

接著，他女兒又補充了一點，如果朋友實在想畫，她告訴朋友：「我的家裡有能洗掉的水彩筆，我們用那個好不好？」

這小女孩不到五歲就明白了「善敗」的道理。面對輕微欺負她的朋友，她打定了「絕交」的主意來隔絕傷害，同時又提出了減輕對方傷害的辦法，也就是「洗的掉的水彩筆」。

別說在小孩子的世界裡，在成年人的世界裡也有著太多的無序。你說聲「住手」，對方就會罷手的現象不一定有，至於「你再這樣我就生氣了」這樣的話，從來都是句廢話。

本來這個世界上，會傷害你的一般都不是文明人，多數是野蠻人。你得學會防，必要的時候還得學會藏，這沒有什麼可恥的，所謂「讓對方知道分寸」的技巧，不一定管用。保存實力，相機而動，這是弱者戰勝強者的不二法門。

比起「如何面對回應討厭的親戚？」、「如何有修養的表達憤怒？」，也許這樣的技巧讓大家覺得軟弱，讓大家覺得不爽。你要知道，如果有人欺負我，我當場憤怒或者使用語言技巧回應，那表示這個問題在當時的情景下，我可以利用情緒或者現有條件就可以打敗對方。

如果我無法打敗欺負者，特別是我的核心利益被侵犯時，我選擇默不出聲，甚至還滿臉堆笑。那麼這個欺負我的人，一定會在將來付出慘重代價。

我內心已經判定你不會放過我時，憤怒是沒用的，憤怒情緒的作用是警告對方要有分寸感。如果對方並不打算收手，那它就是無用情緒，不想用它佔據我的大腦。我的大腦要留住足夠的空間，尋找你的弱點，尋找我的盟友。

我見到你我就繞道走，不是因為我害怕你，是因為此時的我，尚不具力量打擊你，我惦記著你，但我不想你惦記著我。我希望你忘了我，去撕咬你的其他敵人，把你的後背露出來。

被欺負不是一件禮物，但韜光養晦後的反擊，就是一件大大的禮物。勝敗這件事，從來都沒有光榮和恥辱，只有奪走與失去。

二戰時，最英勇的指揮官在最艱難的任務前，都會跟士兵們如此訓話：「這次任務只有兩種結果：犧牲或者更多的犧牲！所以你們有三條命令：一、活下去；二、堅持活下去；三、活下去、藏起來、然後伺機消滅對方。」

我想，這就是最成熟的人，在面對真正的欺負時，最該有的情商。

人脈就是「把別人裝在心裡」

前段時間曾經風靡一時的「人脈至上論」銷聲匿跡後，最近「人脈無用論」又開始塵囂日上。

某「國學」公眾號，幾百萬閱讀量的文章開始大罵情商害人，無用社交浪費了當代人的寶貴時間，鼓吹「別去經營無聊的人際關係，當你有了實力後，所有的大佬都是你的朋友，都會向你低頭」。

我想說，人脈是有用的，所謂「施比授有福，助人為快樂之本」這句話本就是國學經典。

現今助人行為日漸減少的最大原因就在於：求助者的求助態度和交流方式，不能讓施助者感到快樂。於是他們把得不到幫助的原因賴給別人，認為別人「寡情薄意」，之後定義這樣的交往是「無用」的，簡直浪費時間。

我希望這樣的人能堅信「社交無用論」，因為我不願成為他的人脈，我是一個活生生的人，我有我自己的情感。我無法像一個冷冰冰的工具一樣，被他「使用」得稱心如意。

另外，一個人願不願意和你成為朋友，受多種因素制約，不完全取決於你的個人價值。鼓吹「實力決定人脈」的人，肯定從來沒擁有過實力，否則他一定明白「高處不勝寒」的道理。其次，如果一個人的個人修養跟不上他的實力，那他過高的自信只會進一步摧毀他的人際關係。

其實，大佬是願意幫助我們的。前提是我們能找到機會，利用自己的高情商，不要讓人為難。他的舉手之勞，也許對你而言意義非凡。

前年我在邊疆貧困山區支教時，有一天刷微博看到了一個ID：鄉村教師代言人－馬雲。我很好奇，馬雲不是阿里巴巴董事長嗎？什麼時候成鄉村教師代言人了，於是我點進去一看，原來馬雲在搞一個陝甘寧雲貴川鄉村教師的鼓勵計畫，活動將評選一百位優秀鄉村教師，給與相當數量的經濟扶持。

我告訴了我支教山村的領導和老師，可惜沒人知道這件事，老師們對網路也不是很瞭解，不知道該怎麼做。

於是，我想起了平日裡忙裡忙外的李老師，她本來是城市人，跟著老公來到山區後，擔任鄉村教師二十多年，村裡都公認她是奉獻最大的人。

我趕緊幫李老師填寫了材料，還用英文寫了一封信給馬雲，介紹了當地的情況，隨後通過昆明報社的朋友，把資料提報到馬雲鄉村教師基金會。

過了一段時間，李老師成功評上，李老師見到馬雲時，馬雲還對她說：你的英文信寫得好有感染力。

大家都為李老師感到高興時，很多不明真相的人總是問我：「我是怎麼認識馬雲的，我到底用什麼方法打動了他？」

我哭笑不得，我沒有馬雲的強大，我希望我有一天能像他一樣，為這個照顧了我一年多的地方多做點事。

不單馬雲，劉強東最近的名片也變成「村長」了，他竟然擔任起了平石頭村的村長，並定了一個小目標，五年內要讓該村子的全村家庭平均收入提高十倍，不是用捐贈的方式，而是用產業的方式。

其實，並不是所有的幫助都是在明智原則下的利益交換，從德國哲學家康德的絕對命令觀點來看，對別人提供力所能及的幫助，是我們對他人負有的一種責任。這不是一種能被情緒渲染的偶然行為，而是為了構建一個心理共同體的必然行為，而這種潛在的共同體聯盟能幫助成員抵抗潛在的危險。

馬雲熱衷當「鄉村教師」，他無數次在演講中說過，當老師是他最快樂的時候。接著是劉強東扶貧，他也毫不掩飾地說，村長是他兒時的夢想。

所以，馬雲和劉強東的自發助人行為，不僅僅是為了讓自己高興，更在試圖把自己拉進一種群體中，這個群體讓他們感到安全，這種安全感來自他們過去的經歷。

遺憾地是，現在大部分人在人際交時，更考慮人脈「有沒有用？」，這使得他們的要求過於露骨和直接，這往往會讓被求助者感受到危險。

江師兄就是一個求助的高手，在我們圈子裡，他是一個人緣很棒的人。某天江師兄打電話給我，客套了幾句話後，開始了他的求助。

「老弟啊，我這裡有個事情要麻煩你一下！」

說實話，我聽見這種話，內心是會緊張的。當年大學畢業時，江師兄曾經為了讓我進他們單位，向他主管遞出報告申請招人，不過我後來選擇了讀研究所，但內心總覺得對他有所虧欠。

江師兄這個時間請求我幫助，那一定是很重要的事。我大概擔憂了一秒，立刻平靜地回復他：「師兄，別客氣，你說！」

「我有個姐姐的兒子，今年要考研究所，報了你的指導老師，初試已經過了，成績不佔優勢……」

聽到這裡我就明白了，我的指導老師是一個熱門導師，每年報名人數都多，師兄多半是找我要導師的聯繫方式，甚至需要我去找導師美言幾句。

這種電話我接過不少，實際上讓我很為難。因為我的導師很討厭靠關係，為了保證公正，他在複試之前不見學生的。

雖然這很尷尬，但我還是想跟江師兄說明情況，才剛打好了拒絕的腹稿，結果江師兄接下來的話沒按我的劇本走。

「他對此很重視，想報某某考研究所的補習班。想問問你，這個補習班靠不靠譜啊？你有更好的推薦嗎？」

哎呀，就給個建議嘛，有什麼為難的！我當即幫江師兄分析了補習班的利弊。

可是說了很多，感覺還是對不起當年江師兄幫我的恩情，我就又講了一些，包括我導師對學生的偏好，他的研究方向和知識專精，甚至我導師最喜歡問什麼問題都告訴他了。

突然，我意識到自己說多了，感覺自己無形中降低了底線，就好像有一種想法——我都做了這麼多了，就送佛送到西吧！

我立即明白，這就是江師兄高情商的地方。雖然他有恩於我，可是他對我提出的要求是很小的，就算我只提供了一些建議，我也沒有拒絕他的要求，我們倆的關係也不會得到破壞。

心理學家 Sober 和 Wilson 曾對於利他提出了自激勵效應，自激勵效應的存在指出了利他者在適應性方面獲得提升的一種新的途徑：在危機情境下，雖然利他在客觀上消耗了行為者的物質資源，降低了利他者的外部效用，但利他行為能夠為利他者帶來內部效用的增益，那麼個體的助人行為便會增加。

也就是說，當我給與江師兄關於考研究所的建議時，我似乎梳理了畢業五年來，我對導師和專業的理解發生了變化，因而獲得了成長。他不斷暗示我，我已經不是當年畢業可憐兮兮要他幫忙找工作的學弟，而是一個可以獨當一面的專家了。

Dawkins也認為，當我們的利他行為充分能夠彰顯自己在群體中的優勢時，利他行為便會得到強化。

經常有公眾號和個人會申請來轉載我的文章，但有一部分人我是不理會的，他們也許不明白原因，他們的請求向來是這樣的：「你好，請問你的文章可以轉載到我的公眾號／個人空間嗎？」

微課直播間裡，大部分同學看不出這個請求有什麼問題。

有人說，是沒談錢嗎？不是，我的轉載不要錢！

有人說，是不夠禮貌客氣嗎？不是，我沒有那麼大牌。

有人說，是不能轉載給小號嗎？不是，我願意轉載給任何人。

那原因是什麼呢？我把成熟編輯的請求資訊，發來給大家看看：

「您好，劍聖喵大師，我是XX公眾號的運營XX，希望轉載您《XXX》一文，我們平臺粉絲XX，頭條閱讀XX，會按照轉載需求標明出處，保證文章不會用於商業用途，我們的公眾號ID是XXXX。」

現在你明白了吧，我之所以不理前者，是因為他們的資訊太過簡單。首先，我需要浪費很多時間一個個問題向他們詢問。其次，他們這種不成熟，會讓我極大懷疑文章有濫用的可能。

還有些讀者的大段文字，我可能很難幫助他們，他們經常發一大段話，然後接這樣的問題：

「老師，你說我到底該怎麼辦？」

「老師，我到底要不要離婚？」

「老師，我是不是該立馬辭職離開這個單位？」

心理學研究表明，網路求助一旦有責任轉移的語氣，對方會施加幫助的可能性大大降低。

我很想告訴這些讀者，我不能幫你做決定。一方面，我不瞭解你的具體情況，你描述給我的事實存在加油添醋的可能，我若輕易給你建議，出現災難後果實在負不了責。另外一方面，我隨意插手你的生活，這會阻礙你自我成長的能力。

我喜歡那種讓我做選擇題的讀者，因為這個選擇是他自己做的，我喜歡這種為自己負責的態度。

我就是不願意像某些人一樣，為了所謂的人脈刻意的去交朋友，又為了某些「有用社交」放棄朋友，帶著虛偽的面具和傷害自我的笑容活著，最後用這些人脈去完成他想要做的事情。

當然了，這樣的人達不到目的，因為對每個人都熱情，就意味著在每個人心目中的分量都不重。

所謂得道者多助，把別人裝在心裡，別人自然會來幫你。

那要想獲得有用的人脈，你就要牢記以下「潛規則」：

1. 所有的幫助，都是為了和對方拉進心理距離，盛氣淩人和道德綁架式求助，只會讓人生厭。

2. 請求中要考慮對方的立場，對方有拒絕你的權利，建立一個安全舒適的交流環境。

3. 求助不要浪費對方時間，小事寧願花費金錢，也不要消耗朋友的時間。

4. 人際關係中，沒誰喜歡被別人單方面消耗。想要認識厲害的人，不只有必須成為厲害的人這一條路。你可以對厲害的人展示你有某種方面的潛力，也可以讓厲害的人覺得，他對你的幫助，可以讓他變得更厲害。

這個世界上有一半的問題和麻煩來自：請求別人請求地過多，考慮別人考慮地太少；答應別人答應地太早，而拒絕別人又拒絕得太晚。

我的朋友圈招惹你了嗎？

記得五年前我剛開始工作時，有一天突然發現，我用了半年的計算機裡面，居然沒有電池，我驚呆了，我以為這是個靈異事件，於是我把他分享到了微信的朋友圈。

結果一群朋友嘲笑我，包括我的主管，他們說：你太笨了，這個計算器是太陽能的。

直到今天都不斷有人提醒我刪掉，這會讓人覺得我蠢萌蠢萌的。我不願意刪，蠢萌有什麼不好，誰不是從天真善良的傻子，被現實逼成心機深沉的瘋子。

後來有讀者告訴我，這個在朋友圈的分享讓我顯得更真實。

在我下鄉支教那年，我擔任語文老師，我在課堂上分享一個當紅作者的書，同學們迴響熱烈。之後我發了一條朋友圈，告訴大家一定不要像書名所說的那樣「看起來很努力」。

一年後我，我在網上寫文小有成就，因緣際會認識了這個當紅作者，我告訴他，當年我因為看了他的書才走上寫作的道路。他一開始不相信，我把朋友圈發給他看，當紅作者笑著說：那你的新書我幫你作序吧！

朋友圈對我而言並不只是一種回憶，即便有無數文章批鬥刷朋友圈是一種浪費時間，我仍舊保持每晚閱讀半個小時的朋友圈。

我需要看看大家在關心什麼，這會替我寫文製造話題。我也需要看看大家分享的一些東西，從中分析人性與心理。

但最重要的，我需要從別人的朋友圈裡看透一種東西，叫「因果」。

只能從自己經驗吸取教訓的人，不算聰明。真正聰明的人，可以從別人身上吸取教訓。

朋友圈裡，有那麼一些人，你能清晰地瞭解他的價值觀，瞭解他的為人處事方式，瞭解他所處的位置，於是你能從他身上發現一種命運的因果，這些因果疊加起來，便是這個世界的真相。

所以，我本人也堅持發朋友圈，因為我也是因果的一環。

我不會去朋友圈曬努力，也不會去朋友圈賣東西，更不會洗版求關注。總之任何在朋友圈裡希望統治別人情緒的人，大多都只收穫了挫折和失敗。

我發朋友圈不頻繁，本著你我舒服的原則。

我喜歡發一小段故事或笑話，這會給人帶來快樂；我也喜歡做一些詩，懷念自己的青春。

我是本著讓人舒服自己也舒服的原則在發朋友圈的，但總有一些人想方設法要證明你比較 Low，好像他自己的朋友圈已經滿足不了他的炫耀了。

今天我的朋友圈，就突然來了這麼一個人。由於這位仁兄已經將我隱藏了，我看不到他的朋友圈，實在想不起他是誰。我唯一知道的，就是我發的朋友圈似乎招惹了他，讓他成為評論區裡的一朵奇葩。

在朋友圈已經成為敵人圈的今天，大家的朋友圈，好像都不是用來記錄日常的工具了，似乎成為了羞辱別人的戰場。

後來我發現，在一些人的眼中，所有的一切都可以用來作為貶低你智商的素材。你吃飯睡覺、旅遊、打遊戲、談戀愛，在他們眼中都是很 Low 的行為。

於是，有三個問題讓我十分詫異。

我到底發什麼才能讓你滿意？

我發朋友圈是為了迎合你嗎？

那你格調這麼高，你的生活幸福，成績斐然嗎？

最後一個問題我是有答案的，朋友圈因果律很重要的一點就是：**凡是喜歡羞辱別人的人，最終都會被現實啪啪打臉。**

原因並不是因為羞辱別人，給他們造成了什麼人際壓力，大部人對羞辱者並不會直接的反擊。而是因為這些羞辱別人的人，邏輯都異常狹隘。他們會活在一個高高在上的幻覺中，而這份幻覺其實是為了補償他曾經受到的羞辱。這樣的人從來也沒有接受愛的能力。

小娟老師比我晚幾年進學校工作，我發現她總喜歡發一些，我個人認為很幼稚的朋友圈。

「學校今天停電了，看到學生點蠟燭學習，我真的被感動了！」

「同學做活動受傷了，一群人把他送到醫務室，大家好團結！」

看她那麼天真善良，我私下告訴她，關注學生是對的，但不用發出來，這會讓某些人覺得你很嫩，容易被欺負，為此會把很多破事丟給你。

「我知道啊！」小娟的眼神異常真誠，「周老師，可我畢竟不是你啊！」

「我要是能像你一樣開網路課程養活自己，我也不想這麼辛苦。我知道他們總把值班監考一類的事丟給我，但值班一天有人民幣一百塊呢，我家裡有弟弟等著上學，爸爸身體不好，急需用錢。某某老師申報課題還把我帶上了，我哪會寫那玩意！」

聽完小娟老師的話，我突然覺得其實是我幼稚了。

人是活在自己的認知裡的，我們每個人都有經驗和素養，都有自身獨特的環境構成。我們在自己的欲望和局限裡自High，我用自己的立場去解釋小娟是很可笑的，這就是所謂的「心外無物，心外無理」。

人性如水，水是無根之物。如果我們輕易將自己的心智建立在目前擁有的基礎上，比如因為有優越感而自信，因為富有而輕賤別人，就難以觸及到最為深邃的真實。

小娟和我都是整個高校系統裡的一環，如果不是她的值班，哪能為我爭取時間寫書。同樣，也只有我把課上得讓學生滿意了，小娟才有空間去開展學生活動。

看清楚這一點，是自我成長的關鍵。

在朋友圈吐槽能給你帶來智慧和身價的提升嗎？並不能！

佛曰：觀眾生相，皆為一相，即生平常心。又云：觀眾生，知一切境界離心無得，了達三界皆唯自心。

意思是，我們對所有人的關注，都是為了讓我們更能以人為鏡、看清自己，跳出狹隘，不再偏執。

所以，我們可以嘗試喜歡這個叫朋友圈的東西，它不是用來讓我們對別人的人生指指點點。而是在記錄下我們生命所有的小確幸後，對這個世界說聲晚安。

喂！不要在朋友圈裡閃耀，好嗎？

本來我很早就想停用朋友圈了，但試了幾天放棄了！因為，有那麼幾個朋友我總是牽掛著，不看他們的朋友圈連聊天的素材都沒有。

有些人，即便我不主動聊天，也常在他的評論下面點個讚。有時許久不聯繫的朋友在我的動態下點個讚，我也感到暖暖的。

當然，朋友圈不僅有暖，還有不舒服。所以我總要花點時間讓隱藏一些人，眼不見為淨，比如下面這位。

某君在朋友圈裡發了一條文字「那些朋友圈裡總看不起我的朋友，我只想對你們說：去你媽的！哥永遠閃耀。」

文字後還有篇某名人寫的煽動性很強的文章，也許大家看過。這可真是閃瞎了我的鈦合金狗眼，於是我立馬隱藏了他。不知什麼時候開始朋友圈變成了敵人圈。

這個時代真是有點可愛，朋友圈裡充滿勾心鬥角的敵人，黑名單裡卻躺著刻骨銘心的

愛人。

我為什麼不乾脆把他刪除加封鎖，因為我真的期望他有一天能意識到：真正看不起他的人，是不會加他微信的！

朋友圈不是個戰鬥的地方，更別指望用朋友圈去統治別人的情緒。很多人之所以會死在朋友圈裡，就是因為在這個本來只是個簡單交流的平臺，懷著不切實際的意淫。

其實，沒多少人關注你的好嗎？

景姑娘是我的學生，她告訴了我她的成名奮鬥史。為了減輕家裡的經濟負擔，她四處尋找兼職。由於聲音很棒，再加上長相甜美，她被一家網紅製造公司相中。

剛開始，她每天都用心直播，但觀眾一直是兩位數，經理一直警告要開除她。她很難過，問了一些比較紅的前輩，前輩教了她一些「秘訣」。

從此景姑娘變了，透過美圖軟體把自己修成了女神，天天在朋友圈裡發自拍；使用某種技術手段偽造打賞記錄和觀眾人數，乍看之下，每天收入過萬；公司還用了一些方法，透過某種技術，把她和某些明星PS在一張合照上，顯得她人氣爆棚；她也開始用一些仿冒的奢侈品，反正大家也不懂。

沒過多久，景姑娘從一個實在的農家姑娘，變成了虛擬的「白富美」。她確實能自己交學費了，但代價是很大的。

景姑娘變了，在網路上的炫閃讓她分不清自我和假我，她變得毒舌起來，不僅高度自我中心，還容易因為一點小事脾氣就開始暴躁。

終於，她矯揉造作的語氣和裝可憐的樣子讓大家憤怒了，在幾次嚴重的人際衝突後，她看了心理醫生，心理醫生的診斷讓我陷入沉思。

診斷書上寫著：疑似表演性人格障礙。

長達三個小時的心理諮詢後，她哭著告訴我：「老師，這不是我啊！我根本不是什麼月入十萬的網紅，我只是個沒人要的窮姑娘啊！」

沒過多久，景姑娘退出了網紅界，但很有很長時間大家一直孤立著她。

匹茲堡大學最近做了一項關於網路社交和抑鬱的關係的調查，他們調查了國外 Facebook、YouTube、Twitter、Google Plus、LinkedIn 等最被頻繁使用的社交網路，平衡了年齡、性別、種族、生活狀態、家庭收入等各因素後，得出的結論是「社交頻繁者憂鬱的可能性是不頻繁使用者的二點七倍。」

研究者認為，導致這個現象的原因是——很多人在網路上看到了別人優越的一面後，感到自卑，總覺得自己在浪費時間，總覺得自己沒有別人聰明、幸運等，最終導致憂鬱。

我想研究者忽略了一點：並不是網路社交導致抑鬱，而是我們本身沒有朋友，情緒低落才會去朋友圈裡刷存在感啊！

大城市的夜晚是燈火通明的，但是斑斕萬丈的色彩下卻沒有你和朋友的身影，你的心裡會不會有一陣刺痛？一個人坐在烤肉店裡，耳邊放在流行的情歌。看到對面並沒有坐著那個你日思夜想的人，你會不會有點憂傷？

能緩解這種痛苦最快最直接的方法就是掏出手機，在朋友圈微不足道的互動中刷一點不值一提的存在感，聊以自慰。

遺憾地是，這時你卻看到老王又換了新車，好姐妹的新男友又送來了蛋糕，和你同年畢業的小李居然加薪了還得到了領導的賞識，你會怎麼想？

大多數人這時並不會去嘲諷那些在朋友圈裡「閃耀」的達人們，而是會默默刪掉自己的動態，用自己這一秒的高冷來反抗自己上一秒的矯情。

所以，不要在朋友圈裡閃耀了好嗎？其實我知道的，你也是含著淚在自拍，忍著痛在秀恩愛的。

你並沒有你朋友圈裡顯示的那麼強大，你只是想裝出強大的樣子，想找到一些小夥伴而已。

可是你錯了，你呼叫的小夥伴其實已經不在朋友圈了。大家都是這個時代的孤獨狗，如果不愛，就不要互相傷害了吧！

我身邊真正的達人是從來不在朋友圈裡閃耀的。

某電視臺明星主持人，朋友圈分享的往往是她正在參與的一些活動，假如你留言，她會不厭其煩地為你解說，並鼓勵你參加。從沒見她秀過她認識什麼大牌明星！

某學術奇才，年輕有為，三十多歲就當上教授，曾受訪參觀白宮。他每天只分享一些他學術領域的東西，和一些國家會議動態，我加了他好友，可以節省很多精力去查資料。從沒見他秀過他有多麼勵志，多麼努力。

某廳級領導，朋友圈裡都是一些國際動態，還有一些對熱門議題和實事的點評，言辭犀利而認真，有幸認識他，見識增長了十歲！從沒見他炫耀過權力。

但是以上幾人，看到我發一些小光輝的動態時，會第一時間來點讚的。

我達不到他們的境界，有時我也需要點鼓勵。但我也從他們身上學到了一些東西，我也嘗試去鼓勵別人。

即便我忍不住要在朋友圈裡賣弄一下，言辭也要柔和，對於大家的評論也要認真回，偶爾有一兩個人打擊我，我也要迎合著他們說：是的，是的。

朋友圈裡，別讓不該等的人等，也別傷不該傷的心。有些人雖然已經在朋友圈裡難尋蹤影，但他們也在努力地經營著自己的小天地。

請記住，當他們愛你時，你才能閃耀。如果我討厭一個人，那他什麼都不是。

我們人類只是用文明包裝起來的野獸。我們會把我們的利爪藏起來，我們願意彼此掩飾，所以我們才能夠很祥和的相處。

別讓刪除你的人占用你的心裡空間

有一天桃子加我，好友邀請裡寫明，她喜歡我的文章，是我的忠實粉絲。我當然立即就通過了她的請求。

成為我的好友後，她連發了幾個激動的表情，然後開始說起自己的故事。似乎她上大學以後，朋友就越來越少。我給了她一些建議，她高興地說，我是她這輩子最崇拜的人。

幾個月後，桃子發來一段長資訊，開頭顯示「我想你了」，我內心暗自竊喜，腦補出一段明星作家和迷途少女相知相戀的狗血電影情節。

可惜夢無情地碎了，桃子資訊接下來的內容是：

想證明我在你心中的位置，給我發個紅包就知道了。

2.2 一起玩耍

5.2 親密好友

8.8 心靈深處的人

13.14 陪伴我一生一世的人

33.44 永不分開的戀人

……（後面不列舉了）

發完紅包後，我也會告訴你，我對你的感覺。

桃子的消息，就好像一塊蛋糕擺在你面前，但吃進去就是一股臭味。我當然知道桃子的訊息是群發的，我是非常想迎合她，但很明顯她在我心目中是一個讀者，我實在找不到這個選項。

我問她：我是她這輩子崇拜的人，她該發我多少？

桃子的回答乾脆俐落，她無比真心地回我：「請問，你是？」

對於一個自媒體人來說，粉絲轉路人，再正常不過了，於是我也沒回她消息。

又過了一個月，桃子再次發來訊息，內容是：

清清吧，不要讓封鎖你的人佔用你的空間，您也試試吧，複製我的消息，找到微信裡的設置，通用，群發助手，全選，複製貼上消息發送，誰的名字變色了，刪掉就行！不用回，清僵屍粉。

終於，我從一個「這輩子最崇拜的人」變成了「僵屍粉」。估計桃子的朋友圈裡爆發了生化危機，到處是「僵屍」，形式這麼兇險，我也不好意思再占用她寶貴的手機空間，我默默地刪除了桃子的微信。

我原本還抱有一點希望，她某天會想起我，然後加回我，最終希望落空。

我不會告訴桃子，群發是清不了人的。群發出去的資訊，根本沒有發送報告，之後會提示你誰誰收不到資訊，然後提示你重新驗證或者刪除對方。

我不知道微信產品經理，為什麼不設置成那種——你刪除對方後可以從對方好友列表消失。我想最大的原因並不是怕麻煩，而是**刪除你的人其實占用不了多少手機空間，刪除你的人最佔用的是你心理的空間。**

群發短訊的人，一定是不懂人情世故的，否則他們必然會明白：人際關係同人性一樣，是禁不起檢驗的，測試的結果，唯有絕望而已。

有一個笑話是這麼說的，有一家人為了測試入贅女婿的愛情忠誠度，派了漂亮的小姨子去勾引準姐夫，小姨子假裝邀請姐夫上床，姐夫二話不說逃出了家門。

在家門口，妻子留下了感動的眼淚，當全家都為這個男人的品性自豪時，男人心中其實默默地想——事實證明，把保險套放在車上是多麼重要啊！

如果我是這個男人，我第二天就會退婚，不會因為僥倖而沾沾自信。因為這個家族的手段，會是婚姻不幸的根源。

微博上也有用美女帥哥，去檢驗自己的戀人是否忠誠的業務。這項業務下面罵聲一片，看起來測試出的全是渣男渣女。也許他們不明白，測試的結果無論忠誠與否，測試本身就是對兩者關係極大的毀滅。

而上面提到的群發訊息，基本上就是向對方赤裸裸的宣告：你刪我沒啊？你要刪我，我就馬上刪掉你啊。本來沒有刪除的好友，看到這樣的測試，就乾脆心一狠，把他刪掉吧。

所以，這類好友測試，本身就非常不友善。任何人際關係都是需要尊重和引導的，每一段苦心經營的關係，都是在不越界的情況，一點一滴為雙方創造價值。

正如一個合理的社會脫貧方式應該是，建立最基本的社會安全體系，同時保有社會競爭上升通道，資源入口向全社會開放，使得個人能保持正常思維，有尊嚴的生活。

如果你把人的欲望和道德放在一個天平上去測試，得到的結果只會觸目驚心。

人性如此，人際關係亦如此。不要在人格上輕易懷疑人家，不要在見識上過於相信自己。

而且好友測試還體現了發訊者自卑的一面，他表現某種內心獨白：我已經沒有朋友了，你們不要刪我好嗎？

有一類關係是強關係，比如患難與共的戰友、家族世交、血脈親人等，這類關係不需要檢驗，因為他知根知底，哪些人靠得住靠不住，當事人是心知肚明的。

而微信好友，它是一種弱關係，朋友圈的很多好友只是一面之緣，甚至素未謀面，這類半生不熟關係的連結力是很弱的，整體來看，粘性不強。搞得好，會發展成熟人，搞不好，則會淪為陌生人。故此，關係非常敏感和微妙，可能因為一個觀點，甚至一個嗜好不同，便會刪除好友乃至絕交。

況且你刪不刪除對方，還不是一樣的沒人聯繫你。好友測試，證明不了你在別人心目中的位置，只會讓你離你所渴望的親密關係越來越遠。

因為它的結果只有兩個：

1. 別人早就把你刪了，哭吧。

2. 別人還沒有刪你，現在別人有理由刪你了。

某些喜歡進行好友測試的夥伴們，我想大聲告訴你：你只有在群發訊息好友測試的時候，才想得起我嗎？我每天看你的朋友圈，希望瞭解你，甚至和你成為親密戀人或生死兄弟。而我對你而言，只是一堆爛頭像是嗎？我教你一招，你真要測試，聊上兩句便心中有底。實在不會，你可以發紅包啊！

我們都只喜歡喜歡我們的人，而那些害怕被人拋棄的人，終將被人拋棄。

羅曼羅蘭說過，只有一種英雄主義，就是在認清生活真相之後依舊熱愛生活。而生活的真相之一就是，這個世界你並不需要太多的人喜歡你。

真正內心強大的人，是不會因為幾個人刪除你的好友，就失去了自我價值感。別人刪你，一定有他的理由，多半是因為你不再對他具有價值，這跟你本身有沒有價值是有很大區別的。實際上，真正有價值的東西，是不能輕易提供給別人的。

所以那些人啊，別傻了，與其害怕被刪，不如大膽地和這個世界「發生關係」吧。就像螢火一般，也可以在黑暗裡發一點光，不必等候天亮。

你不需要尋找愛情，只須不斷去愛。你也不需要成功，只需要去做。你更不用拼命強大，只需要不斷成長。

最後，**如果有一天你能不用討人喜歡，即便朋友圈裡躺著一堆把你刪除的人，但你還是不斷地和人建立關係。我相信，你一定是這個世界的英雄。**

沒錯，我就是個廢物

七年前，在一個中德合辦的心理培訓班裡，我有幸現場見識了德國專家是如何做心理諮詢的，有件事深深的震撼了我，從此顛覆了我對心理諮詢的認識。

德國專家上了幾天課後，提出非常多腦洞大開的理論，學員們都紛紛提出要專家現場做一次心理諮詢，專家接受了。

一位學員扮演來訪者，他坐在德國專家面前，說了她的親身經歷，大致內容如下：

A女士從小不被父母看好，家裡重男輕女。上學後不得老師歡心，經常坐在教室最後面。直到工作後，單位主管也覺得她是廢物，把她從教學一線調整到教學輔助工作。結了婚後，老公和孩子一直支持她出來學習。

最後她問專家：她真的是個廢物嗎？如何才能在生活中擺脫這種「不被人看好」的陰影。

聽完助理的翻譯，專家立即回了她一句話。但奇怪地是，助理卻遲遲翻譯不出來。這幾天的課上下來，我肯定不是她的語言能力不夠。

大家急了都在問，老師說了什麼？助理依然一臉茫然，而且嘴唇緊閉。

專家溫和地對助理說了幾句話，於是她鼓起勇氣對大家說。

「沒錯，妳就是個廢物！妳不要否認這點，妳要接受它！」助理接著說，「老師讓我直接翻譯。」

現場立馬就群情激動了，A女士彷彿受到了驚嚇，眼睛睜的大大的，一臉驚呆的樣子。

底下的學員紛紛開始議論：

「老師亂說的吧，怎麼能這麼勸一個人，這不是把人往死裡逼嗎？」

「這德國佬不會是個騙子吧，心理諮詢可以這麼出口傷人？」

「難道我們不應該發掘來訪者的優點，幫助她消除自卑？老師這是在做什麼？」

專家接下來說了這麼一段話，助理此時打起十二萬分的精神翻譯。

「當有一個人說你廢物的時候，你也許會不甘和憤怒。當一百個人說你廢物時，你需要接受它，這樣你才能跳出別人為你布下的陰影。當有一千個人說你廢物時，恭喜你，你重新建立起了一個全新的自己。」

A女士顯然沒有理解這段話，不僅她，在場的所有學員都不懂，包括我。

這次現場心理諮詢不歡而散，不少學員找到培訓組織方，要求撤換掉這位德國老師，

「因為他不會基本的尊重！」

時隔多年後，我才終於瞭解。在這個被雞湯文洗腦的時代裡，太多人把野蠻當做上進了。

我非常確信，我們這個世界充滿了所謂「自信」的泡沫。

我每天晚上結束自習回家，都聽見大學生們聚在一起高唱：我相信我就是我，我相信明天，我相信伸手就能碰到天。

我打開電視劇，女主角的臺詞讓我久久不能釋懷，她說：別低頭，皇冠會掉。

看得出，我們的文學、歌曲和影視作品都在為現在的年輕人們編織一個童話，這個童話就是：你遠比你想像中要厲害。

對世界遠遠缺乏瞭解的年輕人們，往往沉迷在童話家們精心製造出的泡沫中，對別人產生不切實際的浪漫期待。

但這始終不是一個真童話，童話是為了讓孩子能從善良的角度去看待這個世界。而這些假童話，只是為了從你們身上掙到錢，代價是你要犧牲一生中可塑性最高的時間和本可以更清楚的頭腦。

在這個兇險的江湖，沒有經歷過徹底自卑的自信是虛無的。你真的相信天才是百分之九十九的汗水能比過百分之一的靈感嗎？你知道老師為什麼要把愛迪生這句經典名言的後半句省略嗎？

其實，假如你過去不是那麼用力過猛的話，你是能找到那百分之一的靈感的。

許多事情點醒了我，讓我明白當年專家到底想說什麼。

冰與火之歌裡的小惡魔提利昂幾乎是整部劇裡最受歡迎的角色，由於「所有的侏儒在父母的眼中都是私生子」，他用盡方法向父親證明自己不是個廢物，但最終他仍然受到父親的嘲諷，也許這就是原生家庭的原生自卑吧。

我想起了小惡魔在第一集時說過的一句話——永遠不要忘記自己的身份，因為全世界都不會忘記。要把你的弱點變成你的鎧甲，用來武裝自己，就沒有人可以用它來傷害你。

所以說弱點是可以成為我們的武器的。

沒人會頻繁地向一個廢物輸出自己的價值觀不是嗎？當別人發現你不是那麼容易被控制時，也就沒那麼多人喜歡教你做人了。

很多初入職場的年輕人喜歡「證明自己」，結果自己未必得到上級賞識，卻把自己的剩餘價值完全貢獻給了壞人，成了實實在在的廢物。

當一個表面的「廢物」是一種拒絕他人操控的方法，因為你在乎評價，所以別人的控制方式就是打壓你。但假如你承認你是個廢物，別人反而無計可施了。

比如：我就是比不上別人家的孩子，怎麼了呢？

比如：是呀，我知道我長得醜，所以就不用你提醒啦，因為我家有鏡子。

三國時期司馬懿裝病裝傻，無疑也是這個道理，當敵人都認為你是傻瓜時，你的反擊機會就到了。

佛蘭克林說過：廢物和寶物的區別，只在於擺放的地方不同。當你不再用別人的眼光來審視自己，不再用別人的標準來要求自己的時候，所謂的自卑之痛也就煙消雲散了。

所以，承認自己是個廢物也會是一種優勢，因為我把弱點當作自己的根據地。

回到最前面，其實那位德國專家只是想讓A女士做到以下幾點。

1. 把評價體系從依賴於外界轉化為自身內在評估。
2. 接納自己不足，沒必要因為自己的弱點而自責。
3. 消除泡沫式的自信，降低自身期待，停止過度努力。

現在我理解古代大師們要發明些類似「鄙人」、「老朽」、「貧僧」、「在下」之類的含有自我貶低意味的自稱了，其實這不完全是自謙。

因為一個人明白自己能做什麼遠比自己想做什麼要重要。「我並不是那麼厲害」是一種盡力而為的勤奮；「我是個天才」卻是一種任性催生的熱情，往往來自於對世界的無知。

王陽明說：知到極處便是行。這裡的知就是對自己的深刻認識。我如果清楚地知道自己的缺點，就沒必要接受你的指指點點。

我承認我自己是廢物，不是讓我永遠走向失敗，而是我不願意在你們的世界裡當一個成功者，這樣我才真正可能在真實世界裡變得優秀。

因為放下，才是真正的啟程。

有嫉妒心才好啊！

作為心理老師，我特別怕學生問我一種問題：

「老師，我在學習上越來越沒動力怎麼辦？」

「老師，我感覺我走進情緒低落的死胡同，做什麼都打不起精神？」

「老師，我很羨慕你的熱情，你是怎樣隨時保持正能量的？」

我想告訴大家，情緒管理高手，不是一種永遠只有正面情緒的人，而是我們更懂得同時從正面情緒和負面情緒中獲取力量。

如果你不懂得理解情緒，正面情緒的損害也是很大的。

比如金飯碗給你的一種心理上的安全，但太陶醉於體制的保障，會讓你喪失承擔風險、逆流而上的激情；男朋友的抱抱，老公的寵愛，會讓你內心感到寧靜，但這種「掐死你」的溫柔，會讓你喪失提升自己的欲望。有朝一日高段位小三出現時，你輸得一塌糊塗。

相反，憤怒會讓你衝動，但憤怒也能讓你明白自己的底線。

悲傷讓你絕望，讓你對世界萬物心灰意冷，但悲傷能極大提高你對痛苦的耐受力，還能幫助你獲得別人的幫助。

焦慮讓我們痛苦，讓我們熬夜想死，讓我們食不知味，但焦慮也能讓我們看清自身面對的威脅。

情商高手能從各種情緒中汲取力量，包括正面的和負面的。正面情緒和負面情緒就像太極兩儀一樣相輔相成。如果你執著沉醉在某一邊裡，很快你就會枯竭，或者走入另外一種情緒的極端。

至於我為什麼每天能保持高強度的看書、寫作、講課，有一部分力量可能來自理想，來自經濟和人氣的鼓勵，但也有相當一部分來自負能量，尤其是嫉妒心。

嫉妒是一種讓人談虎色變的情緒，歷史上名人關於嫉妒的有幾千句，幾乎所有人都對嫉妒心進行了強烈的批判。

日本學者詫摩武俊在《嫉妒心理學》裡這麼描述：嫉妒是一看到別人占有了優越的地位，或者占有了看似優越的地位時，就想要積極地排擠對方，勝過對方，然後一腳將他踢到山腳下，就是這麼激烈地包含這憎恨的感情。艾青則直接就認為「嫉妒是心靈的毒瘤」，各種宗教的神話故事裡，嫉妒心讓天神墮落，讓王國滅亡，讓英雄發狂。

可以說，嫉妒心是眾多文化一致批判的情緒。但今天我必須從心理學的角度上，為

「嫉妒心」洗白。

其實，嫉妒沒你們想像那麼糟糕，雞湯文裡總說，「謙虛使人進步，嫉妒使人退步。」雞湯雖好，可是有毒，一個從來不嫉妒別人的人，只會是一個平庸的人。

雷軍就多次演講中表達過，自己很嫉妒馬雲，所以每天才這麼拼命。

但馬雲日子也不好過，他在演講中也坦言，自己很嫉妒騰訊，好不容易趕上來了，馬雲帶著公司慶祝了一番，放慢了腳步。結果，騰訊搞出了微信，他後悔莫及。

可以說，互聯網大佬在錢多到沒地方花的情況下，一天還工作十多個小時，嫉妒心是他們力量的重要源泉。

包括我自己，多少次想放棄，多少天想休息，為什麼又爬起來更新文章了呢？原因是朋友圈裡，又看到了朋友的文章如此吸睛。

別說「你若安好，就是晴天」，除非這個「你」是我們最在乎的人，如果這個「你」泛指一般朋友，那麼多半是「你若比我好，我整個人都不好了」。

心理學家曾對嫉妒進行了深入研究，發現嫉妒心有時對於自我成長是有重要的促進作用的，它幫助個體突破現有的認知局限。

當然，也可能產生很大的破壞作用，會讓一個人幸災樂禍或者攻擊對方，這種決策錯誤會極大破壞一個人的人際根基。

關鍵就看當「別人比我好」這個刺激出現的時候，人們是啟動善意嫉妒，還是啟動惡意嫉妒。

心理學家 Van de Ven 在二〇一五年提出了嫉妒類型理論。目前，越來越多的學者根據情緒體驗的動機與內容將嫉妒分為善意嫉妒 (benign envy) 和惡意嫉妒 (malicious envy)。

善意嫉妒會增加得到嫉妒目標所有物的渴望，但不會產生惡意嫉妒的敵意，善意嫉妒更加貼近羨慕情緒，常常帶來有益的競爭性的行為，惡意嫉妒則常引發對嫉妒對象的貶低，這兩種類型嫉妒體驗的差異具有跨文化一致性。

Crusius & Lange 認為善意嫉妒的個體注意力偏向於提高自己的結果，旨在提高自己的相對地位，嫉妒者會努力與嫉妒對象保持一致，願意為獲得渴望的物品付出代價。而惡意嫉妒的個體注意力更多偏向嫉妒對象，旨在破壞他人的優勢，以方便自己幸災樂禍，他們更多會遠離嫉妒對象，但會對其保持負面評價。

雷軍、馬雲等人的嫉妒，就屬於善意嫉妒，這是值得我們學習並擁有的良好情緒。

而生活中，我們見過太多的惡意嫉妒，因此這讓我們對嫉妒心充滿了排斥。

有男生因為嫉妒舍友的成績，在宿舍的飲水機裡下毒。

有女生嫉妒同伴的成績，便悄悄在老師和同學面前抹黑朋友。

甚至有女生嫉妒閨蜜找了個好男友，就想盡一切辦法勾引對方。

在日本，有一個女孩小時候被父親性侵。父親入獄後，鄰居家收養了她一段時間，可是她長大後卻處心積慮想讓鄰居家的姐姐被性侵，雖然姐姐和家人一直對她都很好，但姐姐最終因為信任她，進了她的圈套，被流氓折磨至死，她也被員警抓捕。

原因就是嫉妒，她嫉妒姐姐為什麼有這麼一個幸福的家庭。這樣的惡意嫉妒就是一條毒蛇，它會讓人迷失方向，最終讓人墮入深淵。

Ellman 等發現，嫉妒情緒具有強大的進化性，通過與競爭對手比較，評估自己獲得重要資源的機率和應該付出的努力程度，嫉妒情緒有助於推動處於資源劣勢的個體主動減少自己與被嫉妒者之間的差距。

關鍵問題就是，如何利用嫉妒情緒成長，成為一個「善意嫉妒者」。

1. 應得性判斷

大量研究者發現 (Ben-Ze'ev，1992;Parrott，1991;Miceli&Castelfranchi，2007;van de Ven et al.，2012)，應得性判斷 (deservingness) 是一個人產生不同類型嫉妒的重要認知區別。

有句話叫，一個人的成熟，是從他明白這點開始的：能在一定位置上的人，一定有他的過人之處，他獲得了某些東西，那肯定是採用了一些方法，不管你多麼討厭他。

當清楚這點人，人會判斷敵人的某些資源是應得的，他會學習敵人的某些策略，最終讓自己得益。

我是一個理性寫作的人，我非常嫉妒某些靠情緒化宣洩內容吸引千萬粉絲的作者，我嫉妒她們一條廣告幾十萬，勝過我寫好幾年，我的閱讀量只有人家的零頭。

我一度很討厭他們，我寫文批評他們，我在各種場合都告訴大家，如果情緒化的無腦內容逐漸深入人心，那會是一場人類的浩劫。

但隨著我身邊的人逐漸放棄自己的理性寫作風格，成為專罵男人的「田園女權號」，成為打色情擦邊球的「小黃文號」，成為一言不合就翻臉的「髒話煽動號」時，我不得不明白一個事實。

我靠寫文批他們，恐怕沒辦法降低他們的影響力。當代人很難思考他們的情緒，這時情緒會折磨他們，於是他們選擇宣洩情緒，某些公眾號給了他們這個途徑。

所以他們的成功是必然的，如果我也想和他們一樣，我就必須有我的特色，我就必須把思考情緒這件事講清講透，哪怕一天十幾篇文獻讓我頭疼欲裂，我也必須把這件事堅持下來。

這樣的想法不僅讓我不再痛苦，還讓我的影響力逐漸增加。

人際鬥爭中，運用智力策略比揮舞道德大棒管用，前者能有效打擊敵人，後者經常會打擊到自己。

道德不能讓敵人停止他的努力，要想拿下一個職位，簽下一個訂單，必須靠能力的提升。

2.主觀公平感

主觀公平感 (subjective fairness) 來自於對規則公平與否的判斷。Parks 發現，透過改善結果或者給出合理的解釋引發公平感可以減少相對剝奪感引發的嫉妒，增加合作行為。

也就是說，「這件事不公平」這樣的觀念，會讓你更加的陷入惡意嫉妒中。在惡意嫉妒下，不公正感會使得個體故意降低工作效率和減少對工作的貢獻 (Tai, Narayanan & Mc Allister，2012)。

其實，你的人生，從來就沒必要強求公平。

我讓你不要強求公平，不是說，我們就放任秩序被人踐踏，生活規則被人侮辱，某些法規被人淩駕。

而是說，這件事必須由你自己擺平，你老把「不公平」掛在嘴上，不會有超級英雄來幫你，反而會讓你工作效率降低，力量減弱，最後就愈發不公平。

如果你把別人的行為，看得比自己的行為還重要，那就等於雙手把自己的命運交給別人，又期待一個也許永遠都不會出現的英雄為你伸張正義，這無異於自我謀殺。

若要強大，就無所謂公平。若要前行，就得離開你現在停留的地方。

3. 核心自我評價

核心自我評價是人們對自己能力、價值和生活控制力的評估，制約著個體對生活情境和事件的態度，包括四個潛在特質：自尊、一般自我效能、內外控制傾向和情緒穩定性。

當個體的核心自我評價更有利時，個體會判斷為遇到挑戰，增加積極傾向產生更多的親社會行為。

反之，當個體判斷核心自我評價受到威脅，基於自我保護和防禦動機，嫉妒者會驅動攻擊別人的行為。

有一次，我去某校進行青馬培訓時，七點開始的講座，我五點鐘才接到通知，表示演講改到明天了。

但我人都已經快到學校了，邀請我的董老師愧疚地說：「周老師，今天剛好有個思政檢查，校長拍檢查組馬屁，所以今晚就臨時讓某個名校專家講了！」

這誰能忍？但我不動聲色地告訴董老師：沒關係，我都已經來了，我就也坐著跟專家學習吧！其實心裡想的是：學什麼啊，我等著看他講搞砸，然後我幸災樂禍。

結果，那位專家講的也不算差，只是太傳統了，一板一眼的。尤其那個 PPT 顏色鮮紅，看著滿不舒服的，學生也陸陸續續走人。且他可能趕時間也可能有其他原因，提前半小時就走了。於是董老師讓我上臺接著講。

結果我講的很生動，外面接吻的小情侶都跑進來聽了，全場笑聲一片。有個學生跟我說：「名校教授雖然很厲害，但你的講法更接地氣。」

這時，我突然發現，我前面幸災樂禍的想法其實是不對的，我那時甚至還想找幾個學生搗亂，但這種做法實際上很糟糕。

嫉妒別人時，與其抱怨對方，感嘆社會不公，不妨審視下自己目前現有的資源和能力，有沒有一些特長可以支撐起自己的自我價值，增加自己對情緒的控制力。

我確實不是名校教授，但我可以透過加大課堂活躍度，增加PPT的趣味性，來和他們抗衡。所以我其實應該感謝那位專家，他幫我定位了自己的特色。

引導嫉妒情緒的方法還有很多，在這裡不一一列舉。

別總扯什麼淡定，嫉妒有時才是成功的絕招。學會善意地嫉妒優秀的同事，你就能漸漸變得優秀。

情緒也總是具有雙面性的，不要拋棄嫉妒，善於利用嫉妒，就是超越別人的前提。只不過你要懂得利用自身的心靈成長，而不是靠打壓別人的幸運。

我為什麼在嫉妒別人時，總喜歡提高自己，而不是打擊別人呢？

因為我從自身經歷明白，那些因為嫉妒我才華而打壓我的人，最終會被我的努力瘋狂地打臉。

世上沒有人有責任和義務為你的不愉快負責

近日，山西某小學的感恩教育在網路上爆紅，因為在「知名教育家」歐陽維建情緒激昂的演講中，數千小學生集體痛哭。雖有網友質疑此舉，但校長表態否認「洗腦行銷」，校長說「我也很感動，聽一次流一次淚」。

近年來，我一直是這類表演式的感恩教育的反對者，隨著教育的進步，對這類感恩教育的批評聲也越來越多，但這樣的活動還是會在很多地方大規模開展。

原因是這樣的活動現場效果好。無論是學生對家長集體下跪，還是學生在臺上聲嘶力竭地呼喊要考上清華北大，或者這類讓學生集體痛哭的演講，總能拍到一些看似感人的照片，當地教育部門會把它作為自己的政績工程宣傳。

可能校長的淚點要比我們低吧，「知名教育家」在臺上的核心觀點，概括出來就是：媽媽愛你們，愛得很痛苦，她必須發洩出來，如果你們的媽媽不發洩出來，她們就會變成精神病。

心理學研究很早就發現，如果一個人特別依賴用發洩的方式對抗焦慮，那這個人出現暴力的可能性會很高。

為什麼呢？因為每一次情緒的產生，其實都是一個覺察自我的機會。如果每一次情緒的出現，你沒有好好認識情緒本身，反倒用一種激烈的方式投射在別人身上，別人會覺得莫名其妙，因為他只接受到你的情緒，沒有接受到背後的原因，所以他們也很難用一個正確的態度來回應你。

如果你選擇發洩，你會引導其他人同樣選擇發洩，那發洩最好的方式，不就是互毆了嗎？

有趣的是，演講者歐陽維建，正是瘋狂英語的創始人，與因為家暴而出名的李陽是好友。據二〇一一年南都週刊報導，歐陽維建曾為李陽毆打老婆 Kim 辯護：「李陽打老婆可能是無意的，但你知道他不對你還罵他，你傷害李陽就是有意的，其實你比李陽更壞。下一個打老婆的人就是從罵李陽的人中誕生的」。在這個事件中，Kim 拒絕歐陽維建前來探望，並稱歐陽維建也曾有家暴史，而且是在妻子懷孕的時候。

有一種不孝，叫感恩全靠眼淚；有一種不慈，叫教育全靠脾氣。能夠靠眼淚發洩出來的情緒，從來都不算情緒。最重要的情緒，要永遠留在心裡，並和它一起成長。

情緒不是用來發洩的，是用來認識和管理的。

演講中，歐陽維建說：媽媽的情緒如果發洩到老公身上，老公不吃這一套；如果發洩到爺爺奶奶身上，爺爺奶奶說她不孝；如果發洩到主管身上，主管說她找死，所以只能發洩到兒女身上。

我很想對演講者說，不要低估一個人的毅力和堅強，尤其是女性。**在面對這個世界的惡意時，我們需要的不是出氣筒，而是理解。或許，我們也不需要理解，我們需要自己所做的一切要有意義。**

如果我們忍辱負重，誰都不敢得罪，只敢傷害自己家人，那會不會太本末倒置，而且是一種非常錯誤的情緒宣洩方法。請記住，這個世上，沒有任何一個人有責任和義務，為你的不幸背鍋，包括你的孩子。

即便孩子默默忍受了你的一切，如果負面情緒產生的原因沒找到，那不斷積累在孩子身上的壓力，終有一天會爆發，經過一番迴圈，最後傷害到自己身上。著名的踢貓效應[2]，說的就是這個道理。

我是真的希望，這樣的感恩教育少點，因為我真的很討厭，硝煙彌漫的社會裡，家反倒成為了最累人的地方。

---

2 編注：踢貓效應也稱為踢狗效應（Kick the cat，kick the dog），是一種比喻，描述在組織或是家庭中位階較高的人，可能會藉由責罰位階較低的人來轉移其挫折或不滿，而位階較低的人也會以類似的方式將挫折發洩給位階更低的人，因此產生了連鎖反應。

幾年前，媽媽的好友石阿姨來我們家拜訪，媽媽和她閉門暢聊了一下午後，我們坐在一桌吃飯。

剛吃完飯，有快遞送來，是一個精美的水晶船，還有一塊頗具民族氣息的女士圍巾。

我知道，這是我的朋友鹿姑娘送來的，出人意料的是，居然還給媽媽帶了禮物。

我把圍巾拿給媽媽，誰知媽媽看了後，絲毫沒有一點高興，突然怒了起來。

「我提前說好，你要和誰戀愛，你就搬出去談，千萬不要來牽扯我們。現在這些女生也太不知廉恥了，隨隨便便就送東西，以為我這麼好騙？」

我瞬間就不淡定了，姑娘好心送東西來，怎麼就不知廉恥了，我扯開嗓子和她吼：「妳有病是不是？誰送妳東西，誰就不要臉。我看妳也經常送人東西，簡直無恥之極！？」

看著媽媽無理取鬧，一向沉默的爸爸也開始插嘴：「別人一片好心，又不是要嫁入我們家。除非你想讓兒子永遠不談戀愛。」

我覺得爸媽誤會了，鹿姑娘和我並沒有戀愛關係，兩個人純粹一廂情願。但任憑我怎麼解釋，兩個人都不聽，眼看家庭戰爭即將爆發，石阿姨大聲對著我媽說了一句：「你們別吵了！我知道妳同情我，但這事和孩子沒有關係。妳要想替我出氣，倒是去罵罵我那不爭氣的兒子和兒媳啊！」

此言一出，媽媽沉默了，撿起了地上的圍巾和我道了歉，還請我向鹿姑娘表示感謝。

原來，石阿姨今天來找媽媽，是來傾訴的。

石阿姨是個命苦的母親，兒子小石本以為娶了大官的女兒，就可以飛黃騰達。誰知，天價彩禮後，還被女方逼房逼車，連石阿姨夫婦居住的房子都被寫上了女方名字。

這場婚事花光了石阿姨夫婦積攢的錢。可惜，小石家庭的開銷仍然巨大，如今小石打起了爸媽退休金的主意。

石阿姨的悲慘遭遇讓媽媽動容，所以媽媽看見鹿姑娘的圍巾，就想到了婚姻，就想到了自己可能會跟石阿姨一樣的命運，於是開始歇斯底里。

一個人急於情緒發洩，是不可能向你解釋緣由的；而我媽在發火的當下，也沒有理清這個情緒線索。於是在我和爸爸看來，就叫做「間歇發瘋、神經病」。

管理情緒，很重要的一點就是認知情緒，即分清什麼是「事實」，什麼是「想法」，什麼是「身體感受」，這裡拿媽媽舉例。

鹿姑娘送了一個圍巾，這是事實。

媽媽感受到壓抑和憤怒，這是身體感受。

那為什麼這個事實會產生這樣的感受，因為有「想法」在裡面。情緒成熟的人，會對「想法」的真實性進行評估。往往上位者，說話都比較慢，就是這個原因。

比如，你晚上起床看到一個長髮披肩的女性，臉上有一點微弱的光，你會被嚇得會不附體。如果你能覺察情緒，你會明白，恐懼情緒告訴你「貞子」來了。假如你情緒系統夠發達，這個時候會有個聲音告訴你，這不是貞子，這是你的室友正在半夜玩手機呢！

所以，當媽媽發火時，是石阿姨幫她正視了自己的「想法」。

鹿姑娘想和喵大師談戀愛，這是個想法，真實度一般，因為第一次聽兒子提起。鹿姑娘和喵大師談戀愛後，會和小石一樣把父母逼入絕境，這是個真實度很低的想法。因為我和鹿姑娘，不是小石和他媳婦。

所以，情緒不是發洩出來，另一方默默承受就能解決問題的。如果你發洩了一個錯誤的情緒，可能毀掉的，不止是自己的人生。

有一個心理學實驗讓受試者叼著鉛筆看動畫片，並對動畫片的有趣程度打分。一組受試者用門牙咬著鉛筆，這樣臉上表現出的是微笑的表情；另一組用嘴唇叼著鉛筆，筆不能碰著牙，這樣表現出來的是比較嚴肅的表情。結果，表現微笑表情的受試者比表現嚴肅表情的受試者覺得動畫片更有趣。

實驗告訴我們，情緒會在一定程度上影響認知。當你隨意宣洩一個負面情緒時，你會更容易捕捉到負面情緒。

每當女孩遇到情感問題，很多女權號總是鼓勵女孩要一下脾氣吧，美其名曰：試試他的態度。

實際上，當你處於耍脾氣的情緒時，對方哄好你的概率是很低的，你會輕易捕捉到對方態度裡的不耐煩和驚詫，你會輕易得出「他不愛我」的結論。

這便是錯誤情緒宣洩覆蓋了認知的典型例子，女孩們也許不明白，真正不愛你的人，其實沒什麼情緒，他們都是安安靜靜的。

獨木舟說：不記得是從什麼時候起，我不再在太多人面前宣洩我的負面情緒。生活中不開心的時刻依然還有，但我慢慢發覺，自己消化掉這些，所獲得的經驗和能量要比傾訴和抱怨強大得多。**從前我依賴他人，如今我相信時間和我自己。**

偶爾抱怨一次人生，進行一下情緒宣洩是可以的，但習慣性的抱怨而不謀求改變，便是不聰明的人了。

堅持很難，但別無選擇

看到「西南聯大」四個字，有種特別的東西會在我心中升起。因為我的母校，前身就是西南聯大，三校北遷後，留下教育學院獨立辦學。而且，我一待就待了七年。

大一的時候，我是西南聯大紀念館解說員，靜坐聽雨的故事，我至少對五十個人解說過。老校區紀念館門口，有一塊草地，一位帶我的研究生學長告訴我那塊草坪叫貽琦草坪，當年是梅貽琦種下的。當我晚上路過貽琦草坪，看到有些學長和學姐在裡面談戀愛踐踏草坪時，我會厲聲喝止。

某天晚上，某個外校的男學生覺得我影響了他泡妞，當晚就集合一堆人來打我。我打不過他們，抱著頭躲在地上。第二天我去跟老師告狀，老師說我惹事生非，再這樣就處分我。

後來聯大紀念館的陳老師告訴我：「所謂聯大精神乃是剛毅堅卓，這不是用來要求別人，是用來要求自己的。」陳老師還帶我再次學習了聯大校歌精神：「千秋恥，終當雪。中興業，須人傑。」

到今天我都記得清華的校歌「立德立言，無問西東」，它的本意是「做學問不分中西」，作為清華大學百年校慶獻禮的電影《無問西東》延伸為一種「不計較世俗得失，無所畏懼，永遠保持同情心」的人生態度。

電影所塑造的時代感很強，在一些細節上很令人感動，但似乎導演為了完成「清華百年」這個任務，在多線敘事上顯得背景太過宏大，以致主線有點混亂。

影片最讓我記憶深刻的，莫過於聯大沈光耀的故事，在這個故事中，運用了很多汪曾祺《跑警報》裡面的素材：

王力宏在鍋爐房裡煮蓮子，空襲結束後就煮好了；空襲時，大家坐的像雲岡石佛似的在洞裡上課；看見日軍飛機來，五花山的僧侶放紅球等。

大家對空襲習以為常，照樣上課。我特別記得，某大師遇到空襲時，什麼都不帶，只帶著他的情書。而王力宏演的角色的原型，則是清華才子，空軍英雄沈崇海。這些都是我在那個年輕張揚的回憶裡，如數家珍的故事。

王力宏飾演的沈光耀一直都記得教官（陳納德？）和他說過的這句話：「這個世界不缺完美的人，缺的是用內心發出的真心，正義，無畏和同情！」

這和當年陳老師和我說的一句話極為相似，我到今天都記得：「從今往後你要抓住一切機會磨練自己，讓自己變強，變得更有擔當。但你要記住，一旦你有了力量，你一定要學會保護弱者，一定要懂得恪守底線。」

是的，一旦你有了信念，一切都不足為懼。

電影的四個故事，看似毫無關聯，實際還是用清華大學精神，把四個故事的主角串在了一起，使得他們在不同的空間，不同的時代裡，承載著某種共同的羈絆。

清華永遠的校長梅貽琦，用他的肯定的眼神，鼓勵吳嶺瀾堅持自己的選擇。

已經成為聯大老師的吳嶺瀾，在看到沈光耀因為家訓而放棄從軍的理想時，告訴沈光耀「學生都不走，哪有老師先走的道理」，給與了沈光耀勇敢，最終促使他從軍。

沈光耀用他的善良，每次違規從部隊裡拿出食物，然後空投到雲南建水的某個小鎮，而就是這份善意，使得陳鵬沒有被餓死。

陳鵬用自己的善良告訴李想：「逝者已矣，對活著的人好點」。

而李想最終繼承了這份善良，在支援邊疆建設的時候拯救了張果果的父母，張果果也因此變成了一個樂於幫助新生兒的愛心人士。

我想到了一個學長，他的家庭很貧困。為了完成學業，他曾經在一個補習學校兼職，後來學校老闆抱著極大無恥的態度，把他課時費扣著不發。

他的班主任知道以後非常生氣，打了電話給自己當員警和律師的學生，一起到學校替他討回了錢。據說，班主任有一次離開學校時，還被黑社會的人威脅。

班主任告訴學長：「沒關係，你們是流著貴族血統的學生，要學會擔當。」

後來這位學長非常努力，畢業就考上了省廳，去年又通過公開幹部競聘，考到了某大學二級學院的負責人。

這位學長，新官上任就開始整治，在學院落實績效改革制度。這顯然動了某些人的乳酪。

A老師，一直以精神病為由不來上班，但卻一直領著基本工資，然後在外面撈著外快，掛著學校招牌占著編制。由於精神病是有正規證明的，以往主管都睜一隻眼閉一隻眼。

B老師，一週只有四節課，不發論文不做科學研究，怎麼把基本工作量湊夠呢？簡單！她每個學期都要呈報自己替學生做了五十次心理諮詢（相當於兩百節課），如果你要她拿出證據，她會說：心理諮詢有保密原則，我什麼都不能給你看。其實業界人士都知道，哪有這麼多學生主動去心理諮詢室。

至於其他老師，也各有各的一套劇本，她們都忙，都是學校的頂樑柱，唯獨沒有時間教育學生。

自從學長上臺後，這些老師的「大戲」終結了。

於是有些老師，開會時拍桌子罵，寫匿名信誣告他不上課，天天跑有關部門拜訪。

他頂住一切壓力，給那些用心帶領學生參加比賽、搞科學研究的老師提高了收入，我相信這裡面有人會繼承學長的「擔當」精神。

我勸過他，他前途無量，未來可以升大官，還是不要給自己惹這麼多麻煩，沾上這麼多黑點。

他這麼告訴我：「如果一個人丟失了善良、擔當和忍耐，那這個人爬得再高也只剩下虛無的驕傲不是嗎？」

我發現，這就是「主角」光環，他堅定地背負起整個故事，不斷埋頭做功課，承受著外人看來不必要的榮辱，為的是匡正社會的不公，這樣的人背後會灑滿陽光。

回到電影，一開始有這樣一句話：「如果提前瞭解了你所要面對的人生，你是否還會有勇氣前來？」

假如是我回答，我會說：「讓暴風雨來得更兇猛一些吧！」

堅持很難，但別無選擇。堅持有堅持的痛，但也有它的魅力。那種美，倔強又絕然。倔強中帶著一份對未來的思考，絕然中又懷著一種善良的同情。

有些事情，你堅持下去並不只是為了你自己。

在不知不覺中，你在傳遞一種精神，潛移默化裡，你影響著很多人，最終讓這個社會能世俗的侵襲中，多一份溫暖，多一份堅守。

不要覺得堅持沒有意義，也許這份意義會在你看不到地方，會在你的下一代人裡，發光發熱。

電影的最後這樣說道，這句話和開頭遙相呼應：

「世俗是這樣強大，強大到你們無法回避他們的存在。可是如果瞭解到青春就只有這些日子，你們是否還會在意那些世俗讓你們在意的事情，比如占有什麼才榮耀，擁有什麼才被愛。你們會讚美很多東西，朝陽或者鮮花，但不要在讚美別的事物的時候，忘了自己的珍貴。

願你永遠能記起這份珍貴，愛你所愛，無問西東。」

我也想對大家說，當你擁有某種別人沒有的珍貴時，你可以把它藏起來，但你一定要把它放在心裡。有些事堅持下去就會有希望，無問西東。

內心若是篤定，何懼狂風暴雨。

PART 2
想擁有高情商，你得先學會好好說話

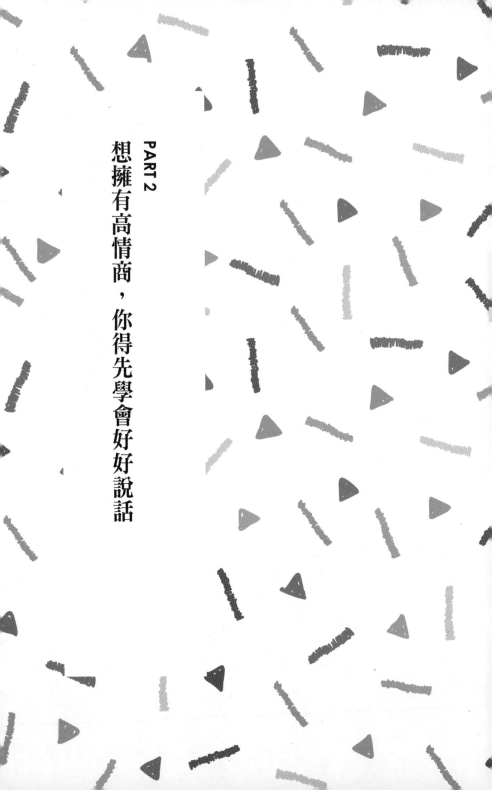

琴老師是一名教藝術的大學老師，可她從來不敢穿裙子，更不敢露出手臂，因為她的手上到處是被丈夫家暴的傷痕。

曾經有一天，她在家裡累的睡著了，晚歸的丈夫發現她沒有為自己做宵夜，就把飲水機的水燒開，狠狠潑在她的臉上。所幸沒有毀容，可臉第二天紅腫，她卻堅持去學校上課。

知道內情的學生把她的情況告訴給校方，學校工會想要介入，她拒絕了，說自己不小心；本校的法學大腕願意給她法律援助，她再次拒絕；就算朋友們都已經看不下去了，她也總是勸大家不要聲張此事，更不要讓她家人知道這件事。

她為什麼不說呢？我發現她腦中充滿了錯誤思維，理由如下：

1.這就是我的命。

我真的不知道該如何反駁這句話，因為這句話沒法被證明是真的或假的，我實在沒有辦法把神仙請下凡，讓他核對一下琴老師的命運是否如其所想。

但琴老師對此堅信不移。

2.他這個人（丈夫）就這樣，無論我怎麼做，都沒辦法和他好好相處。

不對啊，這個不是她沉默的理由啊！如果完全沒法和丈夫好好相處，難道不該離開嗎？怎麼會是琴老師了必須忍受折磨？

3.如果我離開，他就會傷害我的家人，會傷害我。我可以慢慢地感化他，你看，他前幾天還和我認錯了！

琴老師這個想法和事實是有出入的，丈夫現在正不斷傷害她，恐嚇她的家人。事實上，暴力行為只在增強，沒有在減弱。

神經學家唐納德．赫博斯把這種行為稱之為「情緒被劫持」。

大腦中的杏仁體是我們大腦的情緒中心，它負責產生、識別和調節情緒。杏仁體就像我們大腦自帶的安檢系統，它無時無刻不在掃描我們的環境。

但它有一個壞習慣，那就是自動消極關注。當杏仁體拾取到了負面體驗時，它會立即將其發送到長期存儲區；但對於積極體驗，我們必須持續關注它十二秒以上，它才能被存儲起來。

因此九十九件高興的事會被一件壞事毀滅，賺到一百塊的喜悅，抵不上損失一百塊的痛苦。

杏仁體這種負面關注的惡習會瞬間劫持大腦，讓大腦瞬間做出錯誤決定。

當我們失去一個機遇時，大腦會說「沒關係，下一次機會很快就到來。」

當我們被威脅時，大腦會提醒我們「這會是一個持續時間很長的痛苦，你掙扎是沒用的。」

相關文獻表明杏仁體這樣的機制，是人類早期在惡劣自然環境下，演化出來的機制，它可以幫助你忍受痛苦。但杏仁體沒法意識到，環境已經改變，人類已經主宰了地球，建立起了一套保障個體安全的法律機制，所以我們有些痛苦，本沒有必要忍。

當大腦中，負責後天矯正並適應的海馬結構，沒法修正先天情緒機制，並被它劫持，這就是一種情商低。

那我們要怎麼做呢？

無論是積極體驗還是消極體驗，我們必須持續關注它十二秒以上，防止消極體驗搶先侵佔大腦。

最好的方法就是說出來，說出來不一定需要聽眾的理解，是幫助你自己理解。

心理學家丹尼爾・亞蒙認為：當你有了負面情緒，如果你不把它說出來，那你就變得沒法質疑它，你的心思就會被它佔領，你的身體也會做出反應。

如果你有一群睿智並具備一定社會閱歷的人，他們可以幫助你反復提醒自己。「你覺得」並不一定是「事實是」。

最近風靡韓國，在國內也獲得了極高評價的韓劇《迷霧（Misty）》裡，女主角高惠蘭，被網友稱之為「神一般的女人」，即便已經四十歲，外表、年齡、家庭、從來沒有限制過她。

劇中的她是一個金牌主播，她的人生信念就是：人生半坡，更要正面突破。

當她被陷害殺人時，員警把她傳喚到警局詢問。外面的記者已經蜂擁而至了，作為她辯護律師的老公告訴她：「沉默權是嫌疑人最好的防衛武器」，要她從小路悄悄溜走。可她不願意，她帥氣地從正門而出，面對記者炮火連天似地詢問，她淡定地說道：

「尚未查明死因，案件概括也不明確的搜查，相比確認真相，先用煽動性的報導引導大眾關注，抱著不是就拉倒的心態不負責任的報導，我們的媒體人能不能有點格調。」

高惠蘭的這段話就一個意思：「你覺得」並不一定是「事實是」。

也許就像她自己在劇中所說的，「絕對的正面突破，不是你破碎，就是我破碎。而每一次我都沒有輸過。」

你必須學會說出來，語言是一種很強的武器。

很多人之所以面對暴力忍氣吞聲，關鍵就是他們覺得「說了沒用」。

我們在被欺負時，常常選擇「忍氣吞聲」，是因為我們覺得對方是「不可理喻」的，實際上這是一個錯誤的想法，我們是因為恐懼而不敢和對方打交道。

其實無論對方是否會傾聽你的話，你都必須和他正面交流，瞭解對方想法，表明自己立場也是反擊的重要步驟。

有一款遊戲，他的核心玩法就是造兵、升級、打人城堡、搶錢。

在這款遊戲裡，新手被大佬搶錢那是常有的事。我最終發現，能保護自己最好的方式，不一定是堅固的城牆或者二十四小時盯著手機的戰戰兢兢，而是強大的溝通技巧。

這樣的溝通技巧也是向被我欺負的新新手們學來的。有人被我打時，他說：「為什麼要攻擊我？你很需要這些資源嗎？你需要這些資源加強防禦來防止天天被人掠奪嗎？」

一時間，我居然對他心生內疚，放棄掠奪他。

還有一個外國小夥子這麼和我說：「請離開我的城堡，我之所以發訊給你，是因為我是一個弱者，當我有一天變強時，我會向你這樣的強者發起決鬥！」

我突然對這個人心生好感。

《資治通鑑》裡有這麼一段。

唐太宗李世民通過玄武門政變登上皇帝寶座，於是他對原太子李建成集團進行一翻大清洗。

大殿上，李世民怒氣衝衝地問魏征：你為什麼離間我們兄弟。

「眾為之危懼」，大家都為魏征感到恐慌。沒有想到，魏征「舉止自若」，很坦然地回答說：「如果先太子早點聽我的話，必定不會有今日下場。」

魏征很聰明，他這句話，表達了兩個態度。第一，我對這場鬥爭有清醒的認識，這根本就不是離間不離間的問題。第二，我對秦王殿下很欽佩，「先太子」這個詞表示了臣服。

此外，你李世民今天殺我，和李建成不聽我勸一樣，會是同一個後果。

很快李世民選擇廣開言路，而魏征成了這項政策的一面旗幟。

心理學上，把這樣的說話技巧稱之為「嘗試理解法」，當遭受強大力量攻擊時，可以採用這樣的方法保護自己。

1. 表達理解對方的行為與動機。
2. 表達對對方力量的肯定。
3. 嘗試表達自己的潛在能力，警示對方自己利用力量會有嚴重後果。
4. 引導對方把關注點放到一個更遠的目標上。

這是一個高難度對話，說出這樣的話比「忍氣吞聲」更能保護自己。即便對方不肯放棄侵害，你最終必須全力與之對抗，你也能在心中掃除渴求對方憐憫的迷茫。

很多網路文章總是宣導「沉默是金」或是「一個人的高情商，就是要學會閉嘴」。有個成語叫「骨鯁在喉」，形容心裡有話要說沒有說出來，非常難受，魚刺卡在了喉嚨裡。

想要做到說話不要傷人，並不是永遠沉默就可以解決。沉默會積壓攻擊情緒，最後爆發出來的話，往往帶有極強的情緒，這才是傷人的。

沉默是有代價的。

即便很推崇沉默的王小波在《沉默的大多數》一書中也說道：

「在我周圍，像我這種性格的人特多。在公眾場合什麼都不說，到了私下裡卻妙語連珠，換言之，對信得過的人什麼都說，對信不過的人什麼都不說。這樣的保持沉默是怯懦的。」

《迷霧》裡的高惠蘭幾次面對危機都差點崩潰，但她都能立馬瞬間清醒過來。面對逼自己離婚的婆婆，她下跪訴說公公對自己的歧視，換來丈夫的理解；面對發恐嚇短訊的壞人，告訴他，與我和解，這是一個讓你重新做人的機會；即便面對拿著不雅照片威脅自己的前男友，她也能表達出曾經的愛意，希望對方罷手。

在有些時候，開口才是金，沉默是一把捅向自己胸口的刀子。很多沒說出的話，往往會變成自我攻擊，十倍加在自己身上。

八月長安寫過這麼一段話：

他有話要說，卻沒有開口。

他說算了吧，以後有的是機會說。

可我什麼都沒有等到。

有些話沒有說，那就算了吧。

有些故事還沒講完，也就算了吧。

不，你和我的故事從來都不會曲終人散，說出來吧！要知道，人不會在沉默中爆發，只會在沉默中更沉默。

同樣的一段話，有人能用它改變命運，你信嗎？

研究所考試的分數一出來，我的郵箱裡就塞滿了調劑信[3]。原因是我指導老師有好多重磅論文，通訊作者都是我，聯繫郵件留的也是我的。主要是投稿時，很多審稿專家的意見，確實很雷，往往由我先過濾一道，再提交他修改。於是，很多考生的調劑信就發來我這裡了。

其實我的指導老師每年都很搶手，有一年甚至達到四十比一的錄取比例，一般是不接受調劑的。

3 編注：中國的高考填志願「調劑」，意思是成績可以進入某校，但卻未達該校中本來屬意的A科系分數線，如果該校B科系未招滿，可退而求其次選擇「調劑」，選擇分數線比較低的B科系。

往往這樣的郵件，我只能回他們指導老師的正確郵件。不過我知道，通常發過去，他沒什麼時間看。

但有一位同學的調劑信，我不僅破例將它轉發給我指導老師了，而且更神奇的是，我的指導老師最終還真錄取了她。為什麼呢？

百分之八十的考生，調劑信都是這麼寫的：

「你好，我叫XXX，我畢業於XXX，原本報考XXX，估計分數不夠，想調劑您，不知道您有沒有名額，我這個人的成績XXXXX。」

這樣的調劑信，我第一個感覺根本就是廣發的。

其次，就像你追了一個女神，被女神給拒絕了，於是你只能降低要求追求別人。這樣的人再優秀，也很難有女生接受她。因為只要是人，有點自信，都不願意覺得自己比所謂的女神要差。

調劑也是這樣，你必須解釋一下，你退而求其次選擇我的原因是什麼。難道僅僅是因為我的分數線比那邊低嗎？如果是，對不起，我拒絕，我也是有人追的好不好？

但那位梅同學的調劑信是這樣的，第一段她依舊寫了自己的基本資訊，但第二段，她寫道：

「透過網上查閱和學姐介紹，知道老師您風趣幽默，學術底蘊扎實，一方面我對老師您的口碑和人氣十分的馳往，一方面我不想放棄學習心理學的夢想，所以我希望調劑貴校深造。」

接著她列舉了我指導老師的一些研究，顯然是看過他的著作，引用了一句名言還是他講座時的口頭禪。

最讓我高興地是，她還寫到，我指導老師的研究覆蓋了哪些人群，她打算如何擴大下受眾類型，還打算將我指導老師的研究連同她的畢業論文結合一下，形成一個全新的研究方向。

這封調劑信讓我感到很親切，她對我們方向的瞭解就像一個小學妹一樣。

既然她下了這麼大功夫瞭解我們方向，我也就想想怎麼樣用個恰當的方式，把她的調劑信轉給我的指導老師吧。

後來，在一次幫我指導老師祝壽的聚會上，她親切地和我打招呼，謝謝我的推薦。

我悄悄問過我的指導老師：「您為什麼會破例要她？」

他說：「她的言語智力很高，相當適合做心理諮詢。」

所謂情商高，就是懂得好好說話，而好好說話最重要的一條標準就是，心裡裝著別人。

有一幅搞笑漫畫上是這麼說的。

A說自己之所以有好人緣，是因為他經常邀請朋友去他家帶游泳池的別墅開 Party，經常開著自己的遊輪載著朋友去三亞度假，經常一言不合就發幾十萬的紅包。

於是他問B，你憑什麼有好人緣？

B說：我靠顏值。

A的心靈遭受了成噸的暴擊。

其實在我看來，靠法拉利、別墅、郵輪建立起來的好人緣，不叫人際交往，這叫「仗勢欺人」。

靠在朋友圈裡無限發自拍，用美圖秀秀把自己P得跟個妖怪似的，希望靠顏值去吸引別人，這也不叫人際交往，這叫「色誘術」。

靠錢累積的朋友，錢盡即散；靠臉吸引來的情人，卸妝即分。當歲月爬上臉頰時，那個曾經最愛你的人，只會陶醉在另外一張臉上。

真正穩定而良好的人際關係，靠的給與對方情緒價值。

什麼是情緒價值？

如果你是我的朋友，每一次你和我交談，我都能讓你對自己更滿意一點，對未來的生活更樂觀一點，在壓力巨大的生活中更快樂一點。

這便是情緒價值，提供情緒價值最好的方法，就是透過好好說話。

一個沒有情緒的聊天只能呈現出氣氛冰點的尷尬，我說過，聊天聊的不是內容，而是內容背後所折射出來的情感。

低情緒價值的聊天就是類似這樣的一問一答。

A：「吃飯了嗎？」

B：「吃了？」

A：「吃什麼？」

B：「魚香肉絲！」

A：「誰做的？」

B：「我媽。」

A：「你親媽嗎？」

B：「是的。」

A：「是生你的那個媽媽？」

B：「是的。」

A：「生你的時候疼嗎？」

B：「疼！」

還有這樣忽略對方背後的情緒感受的，喜歡對聊天進行「總結式發言」。

A：「剛剛看到一句話，遊戲斷線可以重連，女朋友沒了就可以一直玩遊戲。」（哭笑不得的表情）

B：「說的很有道理。」

還有這樣不關注對方的話題，喜歡自開話題的。

A：「你看我的指甲好不好看。」

B：「我最怕和同學說話了，脫口就出川普！」

A：「像不像一個老妖怪。」

B：「老妖怪？誰？川普？」

A：「去死吧，我和 Siri 聊天都比你有趣。」

還有網路上學了幾招，就開始亂秀技巧，絲毫沒有理解對方真實感受。

當我發了某條吐槽的朋友圈後，某讀者「安慰」我：

「大師，我知道的，你內心其實還是個孩子，想哭就哭出來吧，會好一點。情緒不要壓抑，釋放出來會好很多。雖然你很看起來很堅強，我能感受到不為人知的悲傷。」

大哥啊，你知不知道「優秀的人，從來不會輸給情緒」這話誰發明的，是我啊！我「內心其實還是個孩子」，這不是打自己耳光嗎？我發的那條朋友圈純粹吐槽一下，不要過度解讀好嗎？

況且能靠哭就解決的情緒，從來都不是什麼真正的情緒，人要化解一個情緒靠的是對情緒的認知，而非宣洩。

一段好的親密關係，最終走向悲劇，往往是從不好好說話開始的。總把消極和負面的東西扔給對方，只會讓人感到彆扭。

畢竟打著「真愛」的旗號，讓別人為你的糟糕情緒和言行買單，是情商極低的表現。

真正的好好說話，該是什麼樣子的呢？

我有一個學生畢業了，我其實只在大一教過她心理學，不是很熟悉。她突然來找我諮詢，表示畢業後有好幾個單位願意錄取她，她不知道如何選擇。

我建議選擇薪水最高的那個，其他因素先不考慮，先讓供養妳這麼多年的父母好好歇一歇吧！但是薪資高的有兩家，於是我建議選擇休息時間多的那家。

女學生不解：「老師，剛畢業不是應該更努力一點？你為什麼要我選擇休息多的那家！」

我告訴她：「方便再找一份兼職。」

於是她回了我這麼一段：「周老師你才華橫溢，你又當老師又當作家又當主播，可以兼三份工。而我這樣的小菜鳥，恐怕只能多看看書了！」

這個時候我該回什麼呢？

首先你要知道這個女生想要什麼？微課直播間裡，很多同學說，這個女生有點不自信，她想要一點安慰。她想要的不是安慰，她想要的是鼓勵。安慰是告訴一個人情況沒那麼糟，鼓勵是告訴一個人她「可以的」。

有同學說，她不想兼職，我應該換一個建議。兼不兼職，此時重要嗎？不要總想著幫別人做決定，也不要想著迎合別人的想法。理性的建議太冷，真正的情商高手，從不說冷話。

她想要的是什麼？

她想成為我這樣的人。

那麼我們就給與她這份支持吧！我們這麼說：

「在這個猙獰的世界裡，妳要在這麼多的企業裡做選擇，就好像與眾多怪獸搏鬥一樣，這樣的精神怎麼會是一隻小菜鳥。況且，我能兼這麼多工，不是因為我才華橫溢，而是因為我別無選擇，在這一層面上，我相信妳和我一樣。」

大部分時候，人們說出一個自嘲的話，不是為了讓你迎合，或者是安慰他，是為了讓你否定這句話。這便是一種情緒價值。

心理作家大將軍郭這麼說過：提供情緒價值，就是先學會積極關注。

這樣做的好處是，你不但能在這個過程中學會如何積極的回應對方，提供高情緒價值，更重要的是你能漸漸獲得明朗而樂觀的看待世界的角度，當你變得更積極，你自然能做到提供高情緒價值的第二步——更傾向於提供正面的資訊。你會發現值得抱怨的事越來越少，而你想要分享的快樂越來越多。

高情商的人，為什麼一開口就贏了，因為他提供的情緒價值，是無價之寶啊！

人與人之間，最大的吸引力，不僅僅只是你的容顏、你的財富、你的才華；而是，你傳遞給對方的溫暖和踏實，以及傳遞給對方的那份正能量。

為什麼不回我？

前幾天，有個女生透過微信發訊給我：「老師，我是一名大一女生，我感覺我心理有問題，可以來找你心理諮詢嗎？」

我回她：「妳是我們學校的學生嗎，方便來心理諮詢室找我嗎？」

我問這個問題的目的很簡單，如果是本校學生，請直接來學校心理諮詢室談，一方面能有效地解決問題，一方面顯得更為正式，便於後期介入。

她說：「不是！」

接著，我就在等著她回答。如果她是省內高校的學生，那我就推薦她一個該校的心理老師，順便幫她預約，畢竟學校心理工作還有一些不能碰的紅線，比如不要隨意插手別人的工作。

如果她不是，只是一個我的普通讀者，那我就從宏觀的角度給她一點建議，並適當給予一點關注。

我這個人還有個原則是「微信不看病」，心理諮詢是一件嚴肅的事，雙方要簽訂協定，制定諮詢方案，不是微信聊聊天就行的。如果有一方抱著隨意的態度，那什麼問題都解決不了，所以我不做網路諮詢。

但這個女生就說了句「不是！」，就再也沒有任何補充。等了半個多小時沒動靜，本來這種情況我是不會再回了，因為這樣的行動反映出她並沒有想要求助的意願，搞得像備胎在追女神似的。

但我個人對大學生還是有一點舐犢之情，我就委屈一下自己問問她吧。

「那妳是哪個學校的呢？」

「XX大學。」（無比高冷）

我想起來了，我曾經去她們學校演講，是有很多學生上臺來要了我的微信。

「我有個好朋友陳老師，在貴校擔任心理老師，她從事諮詢十多年，經驗非常豐富，我幫你預約她好嗎？」

「不去。」（言簡意賅）

看來我這備胎當得好失敗啊，女神拒絕我，連去洗澡這種藉口都不需要，一個「不去」就完美的秒殺了我。

「那妳覺得妳出什麼問題了？」我發誓，我最後委屈自己一次問問。

「不知道！」（高冷）

「好的。」

對不起姑娘，我實在聊不下去了！我這個人確實在心儀的人面前卑微過無數次，但我已經不想再繼續下去了，更何況我還不認識妳。

到了晚上，這個女生發來消息，不再是兩字流了，內容很多：

「不是你們學校學生就不能找你嗎？那你來我們學校幹什麼？幹嘛還要加我微信，像你這種人，你早點去死吧！」

我回了句「謝謝」，發現我已經被刪除了。

這下我知道了，看來這女生也不是有心理問題，是聽完我的演講後，想來和我攀交情。只可惜我沒有及時表現出對她有濃厚的興趣，講笑話、說故事逗她開心，讓她受冷落了。

像我這種不懂得欣賞美女的人，確實罪該萬死。

雖然我沒有看她的朋友圈，但看頭像算個美女，也許這個女生還有什麼更高的價值。但妳不說，我怎麼知道？妳身邊所有男生都是些看頭像就臣服的人嗎？

也許她自恃顏值，內心認為自己獨一無二，渴望外界的高度關注和認可。然而她傳遞給我的資訊卻又如此貧乏，沒有什麼句子表達自己的情感和需求，甚至沒有一個表情符號，你讓我如何欣賞妳呢？

有了手機和網路聊天工具，人與人之間聯繫變得方便了，所以人們渴望外界認可的需求在不斷增加。但他們常年處於一種宅的生活方式，自我表達的能力卻退化了。

越不會說，就越孤獨，越孤獨，就越是沒機會展現自己。

我為什麼不回你微信？因為我不想在一種枯燥乏味，並且看得到結果的聊天中浪費時間。

心理學家約翰．高特曼（John Gottman）認為，日常生活中，破壞人際關係最重要的原因就是，在聊天中，某一方感到對方正在防衛。一方的防衛會讓另外一方也開始防衛，那聊天的氣氛就會被急劇污染。

有一種防衛方式叫「自我資訊封閉」，發出這種防衛的人，通常意識不到自己在防衛，只是溝通方式太差導致。而對方會提高防衛等級，那就是直接不回你。

比如：

「在嗎？」

「在。」

「聽說你是教心理學的？」

「是的。」

「你是哪裡人？」

「昆明。」

「你的第一批粉絲從何而來？」

「網路上。」

「你可不可以說的具體一點？」

「不可以。」

這樣的聊天，我平均每天要遇到兩次，以至於我現在看見「在嗎？」一律不回。我相信，也許這些人不是來探聽什麼機密的，但這樣乏味的聊天，很難讓人不警惕。

所謂「自我資訊封閉」，就是在聊天過程中不談自己，喜歡用連珠炮一般的問題去查戶口，這種方式就算對方也願意和你產生聯繫，他也會找不到聊天的切入點。

如果有一些事你想知道，你可不可以先分享點你的事，我們建立點情感連結，再問？如果我特別在乎的人，我也有方法嘗試引導話題。

「聽說你是教心理學的？」

「是啊，早知道不選這個學科了。我隨便說句什麼話，別人就說你不要用那套來分析我，我冤啊！為什麼讓大家幸福，我教了大家套路，自己背負了孤獨。」

「你是哪裡人？」

「春城啊，這裡四季如春，還有美味的過橋米線，你要不要來品嚐。」

這樣的方法要點在於，當對方封閉資訊時，你嘗試從自身暴露資訊，引導對方從你提供的點上延續話題。

要是這樣對方還冷淡呢？

你就可以放心的閃人吧，在他們看來，你不過是一串富有節奏有些搞笑的氣泡，你拼命地想在他們心中泛起情感漣漪，殊不知，這對於他們而言，只是點無聊的波濤罷了。

那這時，你得理解，你不是聊天方式有問題，而是生活方式有問題。

你該停下噓寒問暖的關心，天氣預報般的尷尬，想想怎麼把自己的生活精彩一點。

茹姑娘和星姑娘是倆個中國好閨蜜，你如果陪她們倆逛街，你會很痛苦，她們兩延續話題的能力無比的強，你根本插不上話。

為此她倆有君子約定，她們絕對不能去對方家睡，否則很容易聊通宵，第二天起不了床去上班。

她們為什麼這麼能聊，是三觀非常一致嗎？也不是，我發現兩人的聊天方式很有特點。

茹姑娘說：「我最近變黑了，感覺又胖了，好想回到過去那個又瘦又美的自己。」

我說：「明明是個大美女，說什麼又黑又胖。」

我相信很多網友聽到這句話的反應，應該和我是一樣的。況且她真的不黑不胖啊，我實話實說啊！

然而，茹姑娘說：「你都不瞭解我最近經歷了什麼，我都快被這個工作逼得毀容了。」

顯然，我這話有點接不下去了。主要我理解錯了她的情緒，她抱怨醜，是想宣洩對工作的不滿，這裡該支持她的觀點。如果她是感嘆歲月無情，我則是可以說上面那句。

星姑娘這時接話拯救了我：「他說的沒錯，其實妳本來並不胖不黑，是我悄悄在妳的飯菜中下毒，讓妳變黑，這是為了讓妳更好在暗中保護我。其次，讓妳變胖是為了幫我擋子彈，這樣一來妳就離不開我了。等妳任務結束，我會給你解藥，還妳的青春年華。」

這就是星姑娘的厲害之處，在所有聊天中，她不僅用一個虛構故事，豐富了整個話題的語境，還順帶強調了「聯繫感」。

突然我對「酒逢知己千杯少」有了更深入的理解，當人喝了酒後，他會解除一些自我限制，聊天變得大膽起來，無意識中，他擴大了聊天語境的信息量，讓人更加方便的從中尋找話題。

所謂好的聊天，是邀請你進入我的世界。在我的世界裡，你可以找到情緒共鳴，可以找到情感依賴，可以為你打開一扇新世界的門，而你只要拉住我的手。

這世界需要故事

生活中，大家都有一個感覺，那就是容易把天聊死。

明明眼前是自己心愛的人，可自己搜腸刮肚，卻想不出什麼話要說。

上司就坐在對面，你不知道自己到底該說什麼，用來改變他對你的印象，你只能越說越錯。

聚會上，你很想向大家介紹自己，但似乎自己又沒什麼特殊的成就。捏造一些看似厲害的經歷和朋友也不好，人們會從你的身上嗅出欺詐的味道，他們會遠遠地避開你。

其實，人們是願意接近你的，前提是你必須幫他們一把。

怎麼辦呢，你得把你想要表現的特質，變得讓他們容易接受，而不是一些乾巴巴的成就。

如果你對一個人說，你有多麼的值得信任，你列舉了種種例子，但他們還是不會相信你。因為人性先天是懷疑的，他們會分析你說的每一個字，最終評價你的可信度。所以，如果你一開始就沒能和對象建立聯繫，那麼無論你怎麼讚美自己，都是在浪費時間。

除非別人認為你「與眾不同」，他們才願意接近你。

怎麼與眾不同呢？你要學會講故事，一個好的聊天，百分之七十的內容都是靠故事完成的。故事是最大限度影響別人的利器，社會熱議事件多次提醒我們，會講故事的人總能顛覆一些東西，甚至是不合理的判決。

當一些人把點點滴滴編織在一起成為故事，特別是那種艱難抗爭和讓人倍感沮喪的細節時，會引來巨大的關注，選秀節目和朋友圈火紅的文都是這麼做的。

所以，你一定要學會講故事，練習講故事的本領是很容易的，但它的回報是驚人的。

送大家一句話，想要與眾不同，你先得學會創造不同。一個沒故事的人，只能是一個透明人。

任何價值觀念，如果不能在人們的生活中體現出來，不能為我們所實踐，那它就沒有意義。講親身經歷的故事，最能打動人心。

別認為自己沒有故事講，你的家人都有值得講述的故事，你自己的生活也不乏好故事講，它們能幫助你講清楚道理。

講故事是一種非常有意義的本領，值得我們去學習掌握，它可以幫助我們影響別人，你沒有任何理由學不會。某種意義，你的生活本身就是一個故事，你每天都在講述故事。

所以，去說你自己的故事吧！世界需要故事！

PART 3

想掌控情緒，請別放任情緒傷己傷人

我會忘記你，但不原諒你

有句話廣為流傳：「原諒別人，就是放過自己。」

又有句話叫做：「你原諒了整個世界，結果就是傷害了自己。」

似乎大家都搞不清楚，原諒到底是一種是一種自我解脫，還是一種對自己的折磨。

可以說，「原諒」這件事，不僅是一個人最自己情緒的極致控制，更是他內心強大的重要體現。

其實，困擾我們的，並不是「原諒」這件事，而是原諒背後的一些東西。

原諒，是把委屈藏在了心裡；不原諒，是把仇恨刻在了記憶中。

你需要讓委屈和仇恨兩種情緒在內心中做一個平衡，而不是單方面消除某一方，這樣才最不傷害內心的平衡，才是真正的放過自己。

有一個人，他的母親貴為公主，他的父親戰功赫赫，他更是才華橫溢，文武雙全，是金陵帝都最耀眼最明亮的少年。

然而在他十九歲那年，梅嶺慘案，赤焰軍遭人陷害全軍覆沒。他不僅武功盡失，身中火寒之毒，病骨支離，年壽難永。

但他依舊以一介布衣之身返回帝都，眼如利刃，算無遺策，以江左盟主身份翻轉眾人命運於股掌之間，在他的幕後操控下，帝都形勢大變，他不僅徹底為王朝進行了刮骨療毒，還成功為赤焰軍昭雪沉冤。

這個人就是胡歌飾演的梅長蘇，當他改頭換面，忍辱負重，最終打敗當年製造慘案的罪魁禍首——梁王時，梅長蘇與下跪的梁王之間，有了這樣一場感動無數觀眾的戲。

在這場對峙裡，梅長蘇有著一系列的心理變化，胡歌表演的十分到位。

當梁王說：「你要相信，朕是受了小人的矇騙！」，接著下跪時，梅長蘇心裡這麼想：「你倒是繼續演啊，你因為皇權因為猜忌，就濫殺無辜，剛才還振振有詞，現在居然說自己受了小人的矇騙，想換得我的同情，你做夢吧！」

當皇帝接著說起梅長蘇的父親和母親時，梅長蘇的眼睛不斷閃動，說明這對他有所觸動。

當皇帝說道，他曾經抱過他，陪他騎過馬，陪他放過風箏時，梅長蘇的眼中包含淚水，此刻童年的回憶戳中了他的內心。

皇帝從詭辯和咄咄逼人到苦情戲，無非就是想以情感動梅長蘇，希望獲得梅長蘇的原諒，為自己的失敗扳回一局。

然而，梅長蘇動情了幾秒鐘後，收拾了臉上悲傷的表演，依然絕然、頭也不回的離開了宮殿，皇帝看到他離開時，頓時萬般失落。

這段戲深刻反映了，一個情商高手是如何看待原諒這件事的。

委屈和仇恨都都不斷在梅長蘇心中激盪，可他用了幾秒鐘的時間審時度勢，為兩種情緒的鬥爭達成了和解。

他不會因為全家的血海深仇就對皇帝痛下殺手，因為他知道，這樣做了不僅會陷即將登基的靖王於不義，更會讓赤焰軍和祁王的枉死再也得不到平反。

但他也不會因為皇帝和他拉拉親戚關係，回憶一下童年的恩惠，就立即委屈和不滿宣洩而出，衝上去抱成一團，大聲疾呼：「舅舅啊，沒事了沒事了，都是自己人，過去的就讓他過去了，是外甥錯了，外甥冤枉你了。」

如果他真這麼做，不僅會中皇帝的下懷，會讓自己迄今以來的努力付之東流。他知道，一旦皇帝再次得勢，皇帝無論如何也容不下他，只要他站在朝堂上，皇帝就會成為天下人的笑話。

當他深刻認識了自己情緒發生的原因，也明白了放任情緒宣洩可能帶來的後果之後，「委屈」和「仇恨」在他心中達成了一致。

梅長蘇如此決定：「我不殺你，但我再也不想見到你！」

克制情緒這件事，從來都不靠忍，而是靠對「情緒產生的深層原因」、「情緒發洩的後果」、「各情緒之間的相互關係」進行充分的認知後，大腦皮層做了一個平衡理性和感性的決定。

原諒這件事，靠的不是心軟，不是親情友情愛情的羈絆。原諒這件事靠的是智慧，靠的是對當年形式的審時度勢。

當你對人心有了一定瞭解，在人情世故上有了一定智慧後，情緒沒有那麼難駕馭，也就不存在「不能原諒」和「不能忘記」等問題。一切事情都逃不過「道」與「理」的迴圈，順理成章，道法自然。

「原諒」這種事，是具備了傷害「被原諒的人」的能力，才談得上原諒。

而是否原諒對方，取決於原諒到底會導致對方「適可而止」還是「得寸進尺」，取決於「原諒」和「報復」，究竟哪一種策略能阻止對方的進一步侵害。

Ellard 基於公平理論 (equity theory) 認為，寬恕意味著被冒犯者放棄對冒犯者的不滿和怨恨，這種「放棄」的行為使得冒犯者覺得他們對被冒犯者有更多的虧欠，從而導致他們產生對被冒犯者的內疚。

而內疚、悔恨等情緒則被認為是修復人際關係的重要因素 (Ferguson, Brugman, White, & Eyre, 2007)，在雙方關係得以恢復的基礎上，再次傷害的可能性自然就降低了。

朋友尹維楚分享過一個故事，一個老教授當年被自己的學生誣告，被人打斷了一條腿，整個人生也被毀滅。

時隔多年後，他再次站在講臺上時，他原諒了當年批鬥他的所有學生，唯一沒有原諒的就是當年誣告他的那個。

當學生哭著跪求原諒時，老教授對著他說：「從今往後，我們再不相見，我不恨你，但我也不原諒你！」

老教授這樣做除了他心胸寬廣之後，還有一些必然原因，那就是他意識到，哪怕離開了某些年代的特殊環境，教師這個職業是必須「佛系」一點的。

最近新聞殺師辱師事件頻頻曝光網上，有女生污蔑老師性侵，只因老師批評了她幾句。曾經我也在校園霸淩事件上太過認真，在學生的考勤上嚴厲過，在獎學金的事情上絕對公平過。我覺得我所做的是一個教師該做的。

但我發現被處罰的學生是如何地歪曲事實，本該維護公平的學校相關部門是多麼重視「和諧穩定」，我拼命幫助的人是如何的冷漠和逃避，那些學校裡看不慣你努力的同事們是如何地借機打擊你。

以後遇上問題，我只能原諒了，只能寵辱不驚，只能不悲不喜，沒什麼不甘心的。我寬恕了學生，學生會因為內疚稍微克制自己一點。我懲罰了他，就代表我職業的毀滅。

我原諒就因為我想活著，就是如此簡單。

心理學家 Kelln 發現，很多人選擇原諒，不是因為他真的認為原諒是一種好策略，而是「原諒」比「報復」要省事，心理和現實資源消耗少，也不需要勇氣。

一旦一個人這樣的想法，被侵犯者偵測到，那麼「得寸進尺」就成了一種必然。侵犯者認為，把你的資源掠奪得越乾淨，尊嚴打擊得越徹底，你就越沒有辦法還擊他，那他就越安全。

北大留學生寫萬字書信控訴父母「罪行」，而這一切都源於父母的「過度關愛」，他不僅十二年不回家過年，還決定「刪除父母」。

從小家長把他當女生養。

學校舉辦活動要求穿短褲，家長逼迫他只能穿長褲。

不管出了什麼事情，全都把責任推到孩子身上。

孩子被開玩笑不知道怎麼回應，陷入尷尬，家長竟然事不關己毫無反應。

嚴格管控孩子的日常生活。甚至到了大學，大姨還私下聯繫孩子的同學去打探消息。

有人說，父母生他養他，他應該原諒父母。實際上，他選擇不原諒的做法是對的。

心理學家 Wenzel, Woodyatt 和 Hedrick 表示，當你選擇原諒後，對方在表達他的歉意和懺悔時，不能夠對受到損害的人際關係作出重新的思考，那你可以斷絕這份關係隔離傷害。

其實這位北大留學生最初並不想和父母決裂，還把自己心理諮詢的結果寄回家中，甚至想考心理學博士來自我治療。

可是父母不以為然，父親還認為心理諮詢師「挑撥離間」，讓孩子遷怒家人。

父母不認為自己控制過度，只認為自己存在一些「方式方法上」的問題。

他們這麼認為：「我們在期待一個契機，給他時間和空間。」倆老內心期待著兒子的回歸，希望與兒子重新建立起親密聯繫，他們認為在關係的重建上，主動權仍在兒子那邊，家的大門永遠打開。

我看，這樣的家不回去也罷。建議家長看看紀伯倫關於孩子不是你的財產相關的表述，重新定義下家庭關係。

太輕易說出原諒的人，是因為他不懂得仇恨；太輕易選擇報復的人，是因為他不珍惜自己。

亦舒說過：最佳的報復不是仇恨，而是打心底發出的冷淡，幹嘛花力氣去恨一個不相干的人。

這樣的原諒才能真正讓你的敵人惱火，因為他無論怎麼做都傷害不了你。

我不原諒你，但我會忘記你，這會讓我有更多時間，去記得別人的好。

有些人就是配不上你的善良

近日，《法制晚報》報導了這麼一件事，引起了網友的憤怒。

一輛公車行駛進站時，乘客們一擁而上，其中有一位老人和一名戴紅領巾的小學生。上車後，小學生憑藉自己身體靈活擠到了老人前面，搶先佔據了駕駛員身後的座位。不料，老人見狀異常氣憤，對車上還有許多空座位視而不見，竟當場抓住小學生雙腿，使勁往車廂走道上拖。

雙方力氣懸殊，小學生被拖離座位，身體重重摔到地上，痛苦地捂著腦袋慘叫。

公車司機立即停車制止老人，乘客們也紛紛勸阻老人的粗暴行為。然而，老人理直氣壯，指責小學生不懂得尊重老人。

公車司機立即報警，送醫院後，小學生確診為腦震盪。

「所謂老吾老以及人之老，幼吾幼以及人之幼」，在中國傳統文化裡，老人和孩子是擺在同等重要的位置上的。

如果老人能和藹地請求紅領巾小學生讓座，哪怕紅領巾不讓，旁邊的人也會看不下去起身讓座的，那麼被大家集體指責的，應該是小學生。

但像這樣不由分說，就開始對小學生進行暴打，只會使主動讓座的人越來越少。

其實，如果你仔細聽公車廣播，車上現在都是「請給需要幫助的乘客讓座」，而不是「請給老弱病殘孕讓座」。

一個身強力壯能毆打別人的老人，能算需要幫助的人嗎？

印度國民演員阿米爾．罕在一次節目中，探討的這個問題，他說得好：「尊敬老人，是尊敬他們的行為，而不是尊敬他們的年齡。」

這種「仗勢欺人」的人，不光有老人，他們遍佈所有年齡階層。

很多熱門文章把新聞中的這樣的人視作「弱者婊」，他們總是一幅「我弱我有理」的樣子，然後抬著這樣的強盜邏輯，對你進行道德綁架。

這樣的人真的是「弱者」嗎？

你看他們一言不合就破口大罵的情緒張合力！

你看他們略有不爽就大打出手的執行力！

你看他們無論多少人在一旁指責，他們都毫不收斂的抗壓力！

這樣的人絲毫不弱。

「弱」不過是他們的理由罷了，他們早已經將自己的價值觀「異化」了，異化為這個世間的一切行為準則和道德規範，都是為他們服務的。

比如在讓座這件事上，他們是這樣「雙重標準」的。

我是老年人，我身體不好，你需要讓座給我。為什麼呢？因為你是年輕人，你身強力壯。

我是年輕人，我上班很累很辛苦，我為國家創造財富，你們這些吃閒飯的人都要讓座給我。

已經「異化」的人，無論他們是哪個年齡、那種身份，他們都理所應當的認為，其他人應該給於他們遷就和照顧。

「只談權利，不談責任」便是他們的顯著特點。

心理學家 Algoe 把這種現象稱之為響應性覺知喪失，即個體由於情緒評估機制的錯誤，個體感知不到自己在被對方所理解、珍惜、關懷。

Wood 等人認為，人際感恩的產生在於受惠者對恩惠價值 (value)、施助成本 (cost) 以及施助動機 (intention) 的評估，一旦這三者評定出現問題，人際感恩就會消失。

一旦你發現周圍人出現這樣的情緒評估異化，那麼他就不值得你為他付出善良。

同學聚會，某個在外地的同學丁丁來到昆明，於是她召集在昆明的同學辦了一場聚會。

我本來是不想去的，因為我晚上八點半要在網路上開微課，這個是不能推掉的，而且，召集人丁丁記憶中給我留下的印象不是特別好。

但我耐不住老好人老馬的一再軟硬兼施，我答應他們去吃個飯，說好六點鐘開始，我八點鐘回去上課。

結果到了七點多，丁丁還沒到，老馬說她遇到塞車了。一直等到八點鐘，丁丁才趕到，全桌人已經餓了兩個小時。我和她打了招呼就起身走人，誰知丁丁頓時不高興了。

「喲，我才來你就走，是不是看不起我啊？」

「對不起，我八點半要在網上路上課，上萬網友等著，還請見諒！」我禮貌地回應她，老馬也在一旁為我解釋。

「知道你是網紅了，一個大明星連自己老同學都不照顧，大家知道了難道不當笑話嘛！」丁丁不依不饒攔住我不讓我走。

「下次我們再約吧，不過記得不要遲到兩個小時！」我回敬她。

「我們這種做銷售的經常睡不夠，你知道嗎？誰像你們這種人賺錢這麼容易，當了網紅就看不起老同學，我算是看透了！」她接著說。

聽完這句話，我今後便不打算再和此人來往了，不理她立即回去準備課程。

在她的這幾句話裡，出現了嚴重的情緒認知偏差。

我就算日程很滿，都抽出時間來陪他們聚餐，她不覺得這有「恩惠價值」。現代人腳步都很忙，有時間聚在一起實屬不易。

我耐心解釋了，假如我留下來「給她個面子」，那我會放上萬網友的鴿子，這樣的行為代價很大（施助成本），但她並不認同。

最令人討厭的，便是她對我來聚餐的動機進行了扭曲，似乎我的目的是「成為了大明星以後賺了大錢，就要來羞辱覺都睡不好的銷售人員」。

正因為這些信念支持，所以她「遲到兩小時」無傷大雅，而我要提前走，就是大逆不道。

Wood 等人發現，在情景評估實驗中，人開始習得一種不良思維模式，即用學會用身份的獨特性，來消除自己負債感。

「因為我有某種身份，所以我可以不需要為某些行為負責」，這便是「我弱我有理」的心理機制，人在主觀故意壓抑住大腦與生俱來的恩惠識別系統。

Park 和 Peterson 則提出，幼兒十歲就可以清晰識別別人的意圖，從而產生感激的情緒。當代人為了逃避責任，拋棄了這種與生俱來的能力，是一種心智上的倒退。

《芳華》裡曾說：一個始終不被人善待的人，最能識得善良，也最能珍視善良。

正因為不被善待，人變得內心強大，人識別善良的能力變強。

那麼，如果一個人放棄識別自身識別善良的能力，那只能表示，他一直在被善待，一直在被人遷就，所以他的心智一直在退化。

也許，這樣的行為不僅害了你，也害了他。

有種人值得我們尊重一輩子，那就是永遠不會異化的人。

一代奸雄曹操，對待言語冒犯者，從來都是殺無赦。包括孔子的後代漢末大儒孔融，幫助他滅袁紹立下大功的許攸，曹操評價為「把修養活在了風骨裡」的崔琰。

但他這輩子只對三個人永遠保持敬意，哪怕用放縱的方式都要成全他的名聲，成全他的完美。這三個人就是劉備、關羽還有荀彧。

這三個人都有著他這輩子最為欣賞的大義，無論他怎麼威脅，怎麼收買，怎麼動搖都無法撼動這三個人的決心。

他們三個，一個鐵了心要興複漢室，哪怕自己已經被打的半輩子都在全國逃亡。

一個鐵了心要跟定自己的義兄，哪怕千里走單騎。

一個始終要維護皇帝，哪怕皇帝軟弱無能，連刀都拿不起來。

他們成為了曹操畢生想成為卻沒能成為的人。

曹操心中一直有一個痛。他曾經棒打大宦官的犯法叔叔，後來為了地位不得不和大宦官妥協。

他和袁紹、張邈原本是從小玩到大的好友，曾經又是生死相托的朋友。後來袁紹和張邈鬧翻，袁紹命令曹操幹掉張邈，曹操屢次勸袁紹顧念舊情，而且他對張邈毫不防備。誰知張邈背後偷襲了他，因為張邈害怕曹操最終頂不住壓力而先下手為強。

曹操因為張邈的背叛差點命都沒了，一度想跑到袁紹那當小弟，後來曹操奪回兗州，第一個動作就是殺了張邈全家。

不知道他那時，記不記得那個在他被董卓打的大敗，十八路諸侯坐視不理時，那個挺身救他的張邈。

從此，曹操再也不能說自己一身潔白，骨鯁中正，再也不能成為維護大漢的征西將軍。

對於人性，曹操是非常沒有信心的，這使得他極其多疑。

但他信任關羽、信任劉備，一個封了漢壽亭，一個拜了豫州牧，這是許多曹操臣子畢生達不到的地位。

曹操把這一生中所有的善良，都給了他的敵人。在劉備、關羽、荀彧等人身上，他看到那種為弱者奮不顧身的熱忱，為朋友義無反顧的堅定，為君王近乎偏執的忠誠。

也正是這樣的人，讓曹操得以含笑而終。

真正的英雄，明知生活的真相，卻還是熱愛生活，不忘初心。

尊重這樣的英雄，便是最高級的尊重，也是王者立於頂端的善良。

我想說，我們尊重一個人，不因為他的年齡、地位、長相、性別、名氣，甚至這個人是否對我們有利。

真正值得尊重的人不會因為一點蠅頭小利就丟掉自己的操守，不會因為威逼、脅迫就放棄自己的初心，不會因為事關生死，就捨棄一切親情、友情、愛情，以換取自己的苟延殘喘。

真正堅強的人，都有自己誓死要守護的價值觀，就像種子破土的聲音，細微又堅定。只有這樣的人，才配得上你來之不易的善良，才對得起你這份發自內心的覺醒。

別做「好人」，學著「得罪人」

我在網路上看到一篇文，突然明白一件事——為什麼好人總是被欺負。

這篇文章用排比的方式，列舉了六種不能得罪的人。

一是閒人，因為他有大把時間去對付你。

二是窮人，因為光腳的不怕穿鞋的。

三是有錢人，因為他們可以用錢把你砸死。

四是愛在背後說人壞話的人，因為他們搬弄是非的能力很強。

五是小人，因為你永遠不知道他們會耍什麼手段。

六是善於討好別人的人，因為他說不定有什麼靠山。

我看完後內心驚呼：完蛋了！上面例舉的六種人，可以說在生活中隨處可見，如果我們誰都不能得罪，那我們能得罪誰？

答案顯而易見，我們唯一能得罪的，只有好人。似乎好人是最沒有威脅性的一種人，也是最弱最沒有力量的一類人。

照這樣下去，誰還願意做一個好人？

你這麼擔心受怕，這麼拼命解釋，就是因為害怕得罪人，害怕別人一時興起就把你滅了，那你有沒有想過一個問題，那就是：那別人為什麼就不害怕得罪你呢？

當然是因為你是一個好人！

然而，做一個好人，不等同於做一個軟弱的人，你的善良必須帶點鋒芒。

劉同說過：「不要怕某種性格會得罪人，要知道世界上沒有任何一種性格能避免得罪人，既然都會得罪人，那就做你自己，做好了自己，就不怕得罪人，因為你可以承擔後果。」

真正的安全感是不綁定在別人身上的，人生的唯一的安全感，來自於充分體驗人生的不安全感。

換句話說，**安全感不來自於不得罪人，而是來自於你懂得如何應對那些被你得罪的人。**

越是害怕得罪人，就表示你越是沒有辦法面對生活的惡意，越是沒有辦法前進。

當你開口笑就會得罪人的今天，要想誰都不開罪，除非你站在社會的最低谷。即便這樣，某些「大人物」還是覺得你礙眼。

某高校有個校長助理，他一生中最大的願望就是能進學校黨委，然後當一個副院長。他在年初制定了個計畫，打算徹底討好全部常委。

於是書記的兒子不聽話，他帶著公子去迪士尼玩。

校長家的廚房髒了，他跑去打掃。

某副院長包養小三東窗事發，他立馬自己掏錢滅火。

某副書記學術無能想進職稱，他立即熬夜為其湊科學研究成果。

結果呢？進常委一事還是失敗了。每個人在開會時都說了一堆他的好，然而話鋒一轉，還是推薦了自己陣營的人。

因為自己的人才放心啊，助理你這麼會做人，你要進常委了，我怎麼保證你跟我是一路的。

在成人的世界裡，比起你的為人處事，他們更看重你所站的立場。比起你的人情世故，他們更在乎你的基本三觀。

如果三觀不一致，那即便人情再練達也會有觸犯對方邊界的時候。如果兩人立場不同，哪怕再能照顧彼此情緒，都很難向對方掏心掏肺。

八面玲瓏，在官場上是一種可怕的特質。

相反另一個例子，我在當輔導員時，有間男生宿舍剛入學時經常出事。

晚上熄燈後，有人用筆記型電腦玩遊戲，大家在宿舍裡大吵了一架；為值日的問題，宿舍裡的人又大吵了一架；再為公用刮鬍刀的事，還差點打起來。

但有趣的是，這個宿舍的男生從來不要求換寢室。

後來大家都明顯地感覺到，這個宿舍的男生關係都特別好。我問過他們，他們說這叫不打不相識。

其實不完全是這樣，這幾個男生在一開始就挑明瞭自己的態度，在宿舍小小的天地裡劃定了彼此的雷區，在數次爭吵中撕下了偽裝進行了深度溝通。

聚餐時，我觀察到一個現象，有個男生離席去接聽電話，旁邊人都在調侃：「女朋友要他回去交作業了」，然而他們宿舍的另外三個人是不說話的。

我覺得，這就是一個舍友該有的邊界感。

很多女生常抱怨自己的朋友：「她變了！」

事實上，她從來沒有變過，她只是變得不能再掩飾下去了。

何必呢？每個人都有自己的私密空間，本就該在一開始就亮明態度：非請勿入。

檸檬喵是一個女性公眾號作者，也是我的一個自媒體好友，但她經常來找我聊天的話題卻通常只有一個，那就是：我今天和別人撕破臉了，怎麼辦？

可以說，檸檬喵這個人有些太仗義了，看見有那種鼓勵女性當公主的公眾號，她立即衝上去嗆；看到那種虛報閱讀量的假公眾號，她也立即揭穿別人；尤其她看到那種抄襲的文章，她更是氣得火冒三丈，一定要上去吵一架。

她簡直就一活脫脫的自媒體圈風紀股長，然而，她也得罪了不少人。

有一次自媒體大會，主辦方原先邀請了她，等她買好機票時，主辦方卻突然通知她不要去了，後來我們才知道，是有人在背後中傷她。

這樣的事情還很多。

我支持她的行為，我也經常安慰她，不過，我也不得不提醒她，這圈水太渾，我們還是把主要精力放在寫文上，老是這麼情緒激動，不利於寫文。而且明槍易躲、暗箭難防，平白無故老是被人背後捅刀子，這也不好。

但後來我發現自己錯了，檸檬喵的公眾號逐漸變強，從幾千閱讀，變到了幾萬。

其中一個很重要的原因，就是一位業界大佬願意主動幫她，在自己的公眾號上推了一次，大佬幫她的原因很簡單，大佬特別痛恨抄襲。

其次，我發現她的人緣實際不糟，某些平臺需要我幫忙推薦作者時，我第一時間找她，她立刻介紹了一堆給我。

作者們提起檸檬喵都讚不絕口，都說她們在群裡被人欺負時，檸檬喵總是出來力挺。

最要命的是，像我天天宅在家裡寫文，我和自媒體圈的人基本都不聯繫，卻都有人來針對我。

我這樣的閑雲野鶴，為什麼還老是得罪人呢，因為在一些人看來，我就是一股莫名的力量。

很多時候，都是檸檬喵出來幫我說話，我才躲過圍攻。

我最終發現，不會得罪別人的人，實際也無法親近別人。

有句話叫做：要準確看清一個人，不是要看他說了什麼，而是要看他與誰為友，又與誰為敵。

檸檬喵雖然得罪了一些人，但她也讓別人看清了她的三觀。她是一個熱衷原創，宣導女性獨立自主，並且討厭資料造假的人，這讓很多人與她有共鳴，也讓很多人樂於親近她。

相反，我這樣不選陣營站的人，確實少了很多人際糾葛，但到了需要人氣呼應的時候，自然也沒人幫我。

有的時候，不選邊站往往比選邊站的後果更嚴重。

傳統文化讓我們「不要得罪人」，是不要把自己的外部世界無限延長，肆意破壞別人的人際邊界，這樣的得罪是萬萬不應該的。

比如，唱歌時，用去世歌手的名字當笑柄，這叫侮辱。

比如，劍聖這個標籤，不僅我在用，很多影視遊戲作品裡都有這樣的標籤。我偏要要發動我的粉絲，去把劍聖這個超級話題給占領，這叫侵略。

比如，我明明只是一個人的學術導師，我偏要去生活上掌控他，干涉他的情感生活，讓他為我洗衣拖地，這叫奴役。

導致自身滅亡的，不是得罪了別人，而是沒有邊際的膨脹。

如果生活中，別人的觸角已經越過我們關係中不該越過的那堵牆，那我們應該毫不猶豫地得罪他。因為他的手如果伸得太長了，那對我們的內心世界就是一種摧毀。

如果別人的行為，嚴重違背你的價值觀或者行業內部裡約定的規則，你也可以毫不猶豫地得罪他。你必須明白，正因為有了底線，我們才不會一無所有。正因為大家都不容易，所以才更應該堅守道義。

某位偉人說過：一仗打出十年和平。

我們自古就是愛好和平的民族，但即便面對美蘇這等世界巨頭，只要對方侵犯了我們的底線，我們就必須狠狠地得罪他。

所謂嬌縱的孩子有人疼，懂事的孩子遭雷劈。一個關鍵因素就是，由於太懂事抬高了對方對我們的期望值，所以對方也就不那麼看重我們的付出。

八月長安說過：「人和人之間也真奇怪，明明是越靠越近，邊界卻也越來越模糊。盲目不用腦的人憑著一股熱情往他人的內心闖，總要被電網傷過一次，才知道哪裡需要繞著走。」

不敢得罪，不僅是一種自我折磨，更是一種自我放棄。當一個人因為害怕，不斷丟失自己的尊嚴和立場時，他就會變得面目全非，直到有一天他徹底失去自己的心靈邊界，他就變成了一個沒有靈魂的軀殼。

愛要輕拿輕放，而恨就必須得大開大合。

請當經常做好事的壞人，而不是不能做壞事的好人

我發現一件很有趣的事情。

人際關係失敗的人，都很喜歡用「但是」兩個字。

安吉遇上一個很麻煩的問題：一個不是很熟的「妹妹」，居然開口找她索要新年禮物，這個新年禮物是一件人民幣一千多元的衣服，差不多安吉月工資的四分之一。

這答案很簡單，拒絕就行啊！

安吉和我說：「但是她四處說我壞話怎麼辦？有沒有什麼特別藝術的拒絕方式，可以讓她不要怨恨我？」

我提供了幾種，都被安吉否決，她覺得都會得罪「妹妹」。

我最後忍不住說：「得罪就得罪了，她都好意思要錢，你就不好意思拒絕了？」

安吉是：「但我不好意思拒絕她啊！」

無言以對。

小絲遇到了一個有趣的靈魂，已經上過三壘，可是男的始終不願意承認他們兩是情侶關係。

這男的有一個十年的朋友，說還喜歡他，小絲總他見到朋友還有喜歡的感覺，就會直接離開她。

「如果你放不下他，那你就也發展一個追求者，讓他也感受下他隨時會失去你，是種什麼樣的感覺？」

小絲：「但是我不想讓他生氣啊！」

「那妳開誠佈公和他談，妳接受不了這種三人行的關係，希望他能給個明確的答覆！」

小絲：「可是我不想逼他啊，我怕我這樣會失去他！」

無言以對。

小燭：「老師，我有一個三五年沒聯繫的朋友，曾經是我的高中舍友，我不知道和他聊點什麼？」

我：「聊聊你們現在的生活吧！」

小燭：「不行，萬一我過得比他好，那不是傷害他！」

我：「聊聊你們高中時代的回憶吧！」

小燭：「也不行，我怕他不記得當時的事情了！」

在小燭心中，任何話題都是禁區，都有可能得罪對方，因而導致翻臉，所以他最終還是沒有聯繫這個好友。

倉央嘉措有一句詩：「自恐多情損梵行，入山又怕別傾城，世間安得雙全法，不負如來不負卿。」

這句詩表明了一種禪意，那就是人際關係中，很難有所謂的兩全之策，所請情商高手，不是不得罪任何一個人。而是在諸多的因素中，發掘出自己最重視的一點，因而選擇取捨。

如果用四分之一的薪水，換來一個虛無縹緲的友情，不值。

如果用一份真摯的心意，換來一個首鼠兩端的男友，不值。

如果就因為害怕對方討厭，就不敢伸出友情的橄欖枝，同樣不值。

人際關係失敗的人，為什麼總是喜歡用「但是」呢，因為他們時刻準備著無條件滿足對方的任何要求，並能敏感地挖出對方的潛在需求。

很多人都說他們是「委屈自己，成全別人」，是一種高尚的品質，象徵了捨己為人的犧牲精神。

其實不是，幫助別人，更多是力量強的一方將資源分給力量弱的一方，而當代人的委屈自己更像是交保護費，是力量弱的一方在祈求力量強的一方保護。

所以，這不是一種利他行為，更像是一種利己行為。

我們無法拒絕別人的要求，不是因為我們強烈地發現對方離不開我們的幫助。而是我們在害怕，一旦我們拒絕對方後，對方的翻臉行為會給我們帶來災害。

其實，這真是一個天大的錯覺。這個錯覺的根源在於，現在家長對「人言可畏」這四個字的敬畏。父母不斷教育你，要維護表面團結和諧，否則一步不慎就會萬劫不復。

有一個不熟的朋友找我借錢，我客氣地拒絕了，對方也客氣地掛斷了電話。可在一旁的媽媽卻無比的擔心，她不斷強調一件事，讓我低調點，萬一我拒絕了別人，別人惱羞成怒，闖入我們家殺死我們怎麼辦？

我承認有這種可能，但它的概率確實是天文數字。

這就是善良的人，為什麼拒絕別人總像是做錯了事一樣，它的真實心理原因是，害怕被別人拋棄，害怕被別人傷害。

如果就因為怕這種事，我們用所謂的低調足不出戶，用所謂的遷就不斷滿足別人要求，用所謂的善良去迎合別人。

這樣的話，在實際意義上，我們早就被人殺了。我們的人格獨立和需求，早就被抹殺了。

人際關係，包括愛情和工作，都應該是放鬆的。當你在一段關係中感到累時，那只能說明，你已經沒有資源去迎合對方的各種需求了。

你清晰地意識到，他的需求在不斷的升級，而這種需求已經遠大過你自身的需求，這顯然是不能接受的。

只有一個人值得你一輩子去討好，那個人就是你自己。

況且，我們真就這麼弱小，如果別人來傷害我們，我們就一定束手就擒嗎？

請記住，你是個大人了，你要學會不動聲色，更要學會承擔風險。防止別人傷害最有效的戰術，不是求求你別來打我，而是你敢打我試試。

人際關係中把自己搞太累，還有個原因：過分在意別人的想法。

消除這種傾向最好的一種方法，不是強制對方的想法在你大腦中消失，而是你必須意識到，對方的想法對你起不了太大作用。

秦博是一個奮鬥狂，幾乎天天住在實驗室裡，我每次看到高校教師猝死的新聞，我第一個想到的就是他。

他的研究成果非常豐富，每次產學研專案獎勵和年底科研獎勵，他可以拿到五十多萬，是個不可多得的人才。

然而前段時間，他陷入匿名舉報風波，當秦博的學術獎勵在學校公佈時，舉報信雪花般地飛向教育廳。

有舉報他和學生有不正當關係的；有舉報他虛報專案經費的；也有有舉報他走後門跑項目的；還有舉報他的學術論文是資料造假的。

那段時間，有關部門天天找秦博談話，要他準備證明材料應對檢查，秦博停下了工作每日疲於應付。

其實大家都知道，匿名舉報信來自他們學校的老師。

雖然調查證明了他的清白，但他的工作也停下了，他轉變了工作重點，從實驗狂變成了一心一意搞人際關係的人緣狂。

努力了一年後，幾乎所有的老師都對他笑臉相迎。

然而，匿名誣告卻更加猛烈了，甚至有人舉報他利用項目經費請吃飯。

秦博怒了，一氣之下重新回到實驗室，結果做出了重大成果，入選國家各種人才計畫，某國外研究院想把他請過去。上級還在校大會上幫他正名，之後有關部門沒來找他了，匿名誣告也停止了。

那些想要踩死你的人，只會因為你的弱小而對你補上一腳，不會因為你的妥協而仁慈，但卻會因為你的強大望而生畏。

很多人忘記一個重要的事實，人際關係不是來消耗你的能量的，人際關係其實是用來提升你的能量的。

事實證明，經營得非常辛苦與勞累的人際關係，多半給不了你預期的收益，反倒讓你成為奴隸，成為別人的奴隸。

劉瑜說過：「前兩年，我糾結於很多奇形怪狀的人際關係裡，後來我發現這些人和事消耗了我。他們帶來無止境負面情緒，這些負面能量讓我對自己失望，對未來失望，現在我才意識到，他們曾經消耗了我的理想，消耗了我對生活的熱情，所以遠離消耗你的人，也不要做消耗別人的人。」

人際關係中，要當一個經常做好事的壞人，而不是一個不能做壞事的好人。**人為什麼痛苦，因為你什麼都放不下。**

讓情緒走一條他該走的路

在我一直以來的印象中，秦博士是一個情商很高的人。但他前幾天，在學術委員會上怒罵某教授的事蹟傳遍了整個學校。

秦博士義正言辭地盯著專家說：「你今天就給我解釋一下，我校文科類項目到底為什麼不入您的法眼，一個不按課題指南申報的課題為何能順利通過，一個連資料都是錯的專案為何能撥款數萬，到底是您對專業缺乏瞭解，還是因為在本次專案評審中，存在某些學術不端。」

就算一旁的各個主管領導來勸，秦博士也不讓步，就和專家當面對峙。

秦博的努力並沒有改變評選結果，依舊被刷下來了。

在我認為，像秦博這樣的學術優秀人士，擁有多項專利和多篇 SCI 的人，真的沒必要在會議上和某些「專家」發生衝突，秦博在學術界的成就已經充分證明一切。

成功的人周圍總是有兩群人，想借他的光從而使自己也成功的人，和祈禱他的失敗一直猜忌嫉妒他的人，顯然這樣的「專家」就是後者。

面對不需要正面對抗的敵人，居然要如此大動干戈，我實在不理解秦博的行為。難道他被情緒所蒙蔽，一時衝動所致？

我決定約他出來聊聊。聊完之後，才發現是我對情緒的理解太膚淺了。

原來，秦博真正憤怒的，並不是他的課題沒通過，而是學術界一貫的弊病「近親繁殖」，幾個老資格掌握學術的生殺大權後，就開始把資源配置給他們親近的人，而排斥他們圈子外的人。

秦博經過了艱辛努力，主動下鄉擔任扶貧幹部，獲得地方政府認可。又像個雷達一樣關注著國內外學術動態，看到學術新熱點後，他立即跟進。在本省都沒有儀器的情況下，他透過自己關係聯繫到廣西一個實驗室，自費高鐵過去做實驗，最終搞出了科學成果。

秦博今日的成就是來之不易的，但絲毫沒有撼動「近親繁殖」者對他的不屑和打壓。

你的努力為什麼沒用，因為你的努力一旦不能成為當權者的工具，你的努力就只能是一種威脅。

這樣的現象在社會上比比皆是。

秦博這次發怒，只有一個目的，那就是告訴自己：「你們不能一直這麼踩著我！」

人總是允許別人踩著你，那樣讓踩了一次又一次，結果一直被踩到最後。

無論有什麼事情，都不能讓人踩在腳下。

對於秦博來說，最重要的東西真不是那個教育廳課題，而是他的熱烈感和迫切感，這種不顧一切要實現自己理想的衝動，會幫助他正面突破眼前的一切難題。

怒嗆改變不了近親繁殖的現狀，但能保護被近親繁殖一次又一次傷害的那份激情。

秦博的發火不是為了改變結果，而是為了保護「鬥魂」。

這樣的心理策略在心理學中被稱之為「內隱情緒調節」，內隱情緒調節的內部機制是自動反向調節，它能讓個體的情緒保持平衡狀態，具有自我保護作用。

當你對某種社會現象絕望或者恐懼時，你可以把你的感覺表達出來，用一些情緒標籤定義你的情緒體驗，結果會引發與原本刺激相反的反應。

這是「內部情緒調節」的重要策略「情緒標籤法」。

秦博發怒可不是指著別人鼻子罵：「你們這群任人唯親的混蛋！」

這麼說只會讓你絕望，因為他們真的在這件事上無所畏懼。

秦博首先說：「我校文科類項目到底為什麼不入您的法眼？」

這話不僅巧妙地把文科項目拉來站隊，形成標籤一：反歧視。所謂「不按指南申報」和「資料都是錯」這樣的點再丟出來，標籤二自然誕生：維護學術規範。

通俗地說，正面對抗是要有點藝術的，要學會「拉大旗做虎皮」，情況合適就立即給別人「戴高帽子」，不僅能增強正面剛對面所需要的心理自信，更能避開在對方已經構建了完美防禦體系的地方作戰。

當秦博把自己的憤怒用得如此藝術而有魅力時，我只覺得他帥氣。

大腦這個世界永遠是主觀的，永遠是歸你自己去創造的。

所有的利益較量，其實都是智慧的較量，但沒有情緒支持，大腦沒法把最好的智慧拿出來。

大家總認為，「情緒好」的人，都是一群沒有負面情緒的人。遇到事情不會動怒，碰上強敵不會恐懼，人生受阻時不會絕望，被人拋棄時不會難過。

相反他們的正面情緒是無窮的。一點感動就流淚，一點友好就掏心掏肺，一句雞血就光芒萬丈，一句安慰就煙消雲散。

實際上，情緒迴路越簡單的人，他的情商就越低。

比如，「絕望」這種情緒為大家所詬病，雞湯文裡經常有這樣的句子「你的人生一定不要絕望」。

其實「絕望」是很有用途的，它可以幫助你降低對某些人或事的期待，幫助你用最壞打算來應對可能出現的最糟糕局面。

某次在優秀評選中，我本來得票第一，但是最終宣佈結果時，一個基本沒啥票數的老牌大咖突然搶了我的冠軍，我只能淪落為第二。

長輩打電話安慰我說：「不要難過，以後還有機會，大家知道你是第一就行。」

我立即就笑了，我大腦中一點難過的情緒都沒有出現，為什麼？

因為我絕望啊！

即便某些情況顯得結果不公正，那我好歹也是第二啊。得第一的人，好歹也是曾經輝煌過的人啊！

在某些學校，哪怕網路千萬人氣，絲毫動搖不了你講課是該校倒數第一的現狀。在某些機關，哪怕下面所有的員工都支持你，也點滴改變不了老闆想任用他小姨妹當副總的決定。

所以，「絕望」不是完全沒有好處的，它避免你陷入一些無意義的擔憂裡。真正讓傷人的不是「絕望」這種情緒，而是「絕望」出現時，人們擔心自己失去了更多的時間，流失了更多的力量。

當絕望時，你不妨給自己打上幾個好的標籤，比如「破釜沉舟」、「韜光養晦」。

韓劇《迷霧》主角就一直有一段內心臺詞來詮釋絕望：「這樣的絕境我遇到過幾次，窮途末路又無法後退的情況，在這樣的情況裡，我從來都沒有逃跑或是躲避過，從來都是正面突破，不是你破碎，就是我破碎。」

她這段話激發了一個「絕望」的新功能，那就是：當人絕望時，他可以解除自我設限，做一個與平時不一樣的自己。

任何一種情緒都是有價值的，就像一顆顆子彈。這顆子彈必須得不斷打磨，必須得不斷微調尺寸和強度，才能精準的突破逆境。

如果你把原始情緒直接丟出，那無論它是正面的還是負面的，都只會傷害武器本身，也就是你的身體。

雖然情緒調節行為本身可能需要一定的認知資源，如自我反思自己當前的情緒狀態，並用言語表達出自己當前的情緒狀態，但是就調節情緒這一過程而言，它是自動化、習慣化的過程。

研究證明，當一個人對情緒進行重新評估，最後形成了全方位立體思考的結構方式，這將大大提升被試情緒反應的效率和速度。

比如，司馬懿前期任職時，當親人被抓時，總是到處去求人。這時，他是被委屈和恐懼所支配。

一心想提拔他的荀彧看不下去了，怒罵他：「你要知道，能改變曹操決定的，不是證據，不是自我犧牲，而是形勢！你想救回親人，就必須看清形勢後，進行造勢。」

以後司馬懿親人再出事，司馬懿總是第一時間告訴自己兒子「越是危險，越要冷靜」。片刻之後，他就知道這個死局該怎麼解。

這就是情商高的一個象徵，內隱情緒調節自動化了，不再需要忍，不再需要壓抑。

最近心理學研究發現，憂鬱症、易激惹、易衝動很大程度上是，內隱情緒調節系統異常導致情緒迴路錯亂了。

人有情緒，情緒的外洩，倘若只是一味的散發情緒，只會浪費時間，在有情緒時，怎麼處理事情，才是正確的。

我們不能否認情緒的產生，也不能抵禦它的來襲，我們唯一能做的就是，讓情緒走一條他該走的路。

心不動，則動亦靜；心動，則靜亦動。

你的情緒也需要開會

沈校（化名）是我這輩子最佩服的人之一，他在官場一路平步青雲，和他強大的情緒管理能力是有關的，業界的人提起他，都異口同聲地評價：儒雅君子，危機事件處理能力超強。

當然，我在當研究生的時候，他還只是個中學校長，我的指導老師和他聯合在學校展開了一個專案，我留在學校實習，指導學校老師教學科學研究。

那天，我受邀參加校中層幹部會議，沈校給了我十分鐘時間，讓我彙報專案進程。然而這次開會出現了意料之外的情況。

由於學校經常出現：學生財物被偷、學生結成黑社會性質團體霸淩其他學生、學校尚未竣工的圖書館成了收保護費的地方……之類的問題。

沈校在會議上嚴肅的批評了保衛處的不作為，明確表示如果事情得不到解決，要追究相關部門負責人的責任。

雖然沈校的批評很嚴厲，但他也給了保衛處主管一定挽回餘地，只是要求他們處理問題。

誰知道保衛處長一聽這話就失控了，站起來反駁，言辭激烈地辯稱：「偷竊這種事，派出所都沒辦法，他能怎麼樣；學生欺負學生該找班主任啊，關保衛處什麼事；校長你別嘰嘰歪歪、說廢話，有種你增加學校保安數量、提高待遇，不然你自己晚上去圖書館守著。」

保衛處長最後有句話讓全場愕然：

「沈XX，我告訴你，你信不信，你只要離開學校，你會被人打得生活不能自理！」

據說這位保衛處長，上山練過武，脾氣暴躁。雖然文化程度不高，但和學校周邊勢力有一定關聯。他今天敢這麼說，想必也不僅僅是一時衝動。

面對這麼明顯的冒犯，中層幹部都望向沈校，想看看他會如何反應。

如果沈校承認自己窩囊，對保衛處長好言相勸，那必然威信掃地，處長背後的人就看了沈校笑話。

如果沈校立馬和他對罵，不僅丟了知識份子的臉，萬一這位處長情緒激動，直接打起校長來。不僅這次會議開不下去，校長主導的全校改革，包括我指導老師的項目都要泡湯，某些人會捂著嘴地笑。

一位副校長站起來，準備幫忙打圓場，沈校示意他坐下。

這時沈校面帶微笑，從容不迫地說：「如果我在學校是安全的，那表示你們保衛處工作很到位啊。如果用我一個人的殘疾，來換得整個學校師生的安全，我覺得值得！不過，我也不能代替你們保衛處當英雄，不是嗎？」

當場就有人叫好，我立馬跟著鼓起掌來，保衛處長在掌聲中，心情低落的把頭低了下去，過了一會兒，他為自己的失言向校長道歉，並表示一定把學生問題解決。

多年後，沈校已經是省教育界舉足輕重的人物，有一次我參加比賽有幸見到他時，我真誠地問他：「您是怎麼做到情緒如此穩定的？」

沈校優雅地回答我：「周老師啊，不僅學校工作要開會，你的情緒也是要開會的。」我當時並不理解，漸漸地有了一些人生經歷和對情緒心理學的瞭解後，我明白他當時說的是什麼了。

情緒滲透模型 (affect nfusion model) 是由 Forgas 提出的關於人際互動情境中情緒作用的模型。情緒滲透是指帶有情緒負荷的資訊進入決策過程並作用於決策結果。情緒的滲透程度與個體的行為決策有密切相關。當情緒滲透程度低時，易產生依照單一經驗或者單一情緒捲入的思維模式。

也就是說，當人做決策時，只有一種情緒捲入，那他一定會感情用事。也可能沒情緒捲入，那這樣做可能會太不近人情。

而當情緒滲透度高時，易發生啟發或分析式加工。這時個體就能更有效地分析資訊來源的準確性，當多種情緒複合時，能讓決策者更為理性，也不容易對他人建議產生偏見。

也就是說，多種情緒捲入的滲透模式，能讓人更加全面和準確的分析自己的處境，並做出做正確的決策。

情緒滲透使情緒因素深入到決策的過程中，甚至直接決定決策結果（陳璟、姜金棟、汪為、李紅，二〇一四）。

情緒有兩個功能：信號和動機強化。

情緒就像一個守夜人，它會隨時警告坐在鐵王座上的大腦，你正面臨什麼樣的風險。所謂昏君就是，當守夜人來告訴你，長城外出現異鬼時，國王沒有大臣可以商議。只有一個太監在耳旁告訴你：大王啊，我軍戰無不勝，只要您一聲令下，大軍天威降臨，異鬼和夜王自當碾為齏粉。

結果呢，沒有龍炎的幫助，沒有龍晶的武器，根本殺不死異鬼，眼看長城被破，你死亡的士兵復活成了敵人。

太監又在一旁說：大王啊，快跑啊，異鬼根本是無敵的，我們跑得越遠越好。

於是，全境淪陷，你的精神崩潰。

如果你覺得，這次失敗是這個太監害了你，那你就大錯特錯了。你得想想，自古皇帝都知道，要達成有效統治，東廠和西廠、六扇門和諸葛神侯府是必須達成一種平衡的，不能一方做大。

人們常說，我克制不了憤怒和悲傷，難以自拔地陷入消極情緒，也有人陶醉在驕傲裡，結果一時失察，被人抓到漏洞，滿盤皆輸。

所以，你需要一個情緒內閣，他們會從不同的角度告訴你，你該如何面對這次危機，他們的意見讓你的視野更廣闊，也能讓你避免被情緒控制，做出後悔終身的事情。

有句話叫，不要被情緒利用，要利用情緒；不要被情緒擾亂，要擾亂情緒。

沈校所說的「情緒也需要開會」，意義就在此。下面我介紹一下，我本人情緒內閣的四個常委。

1. 讒言宦官曹正淳

看到這個，你們一定會說，老師啊，這個是奸臣啊，為什麼要留著他。

首先，不是我要留著他，而是他是每個人自帶的原始情緒，他代表了人逃避責任、癡迷慵懶、渴求外界幫助等，比較負能量的一面。

其次，他也不是完全沒有好處的。當我們陷入憂鬱的時候，適當的自我憐憫能幫忙保全自我意識完整。犯錯時，一定的自我開脫，能避免你陷入無力的恐慌。標榜萬事沒有意義的拖延症，其實也能讓你緩解自身能力不足面對生活的焦慮。

只是他的建議，往往都太過容易，不用付出意志努力，無助於改變現實。

人不能一直堅強，所以你不能驅逐曹正淳，但也不能放縱他把持朝政，你得花一輩子時間去認識他，意識到自己哪些行為還在被他支配，最終在和他的抗爭中，一點一滴成長起來。

2.GDP書記李達康

當你成年以後，意識到自己不再能用哭泣就能獲得糖吃的時候，李達康書記就該被請進你的情緒內閣，他象徵了人的一種效率優先的利益爭取主義。

李達康的一貫建議是：「只要這件事能幫助你改變現狀，你哪怕委屈自我也要去做。在諸多選擇中，選擇利潤最高，耗時最短那個。」

我把這樣的情緒命名為決意，決意能讓我的眼神變得堅定起來，會把一些所謂的對錯放在一邊，盡最大努力讓自己變強。

3.自律騎士加拉哈特

加拉哈特是李達康在內閣中最大的敵人，如果有什麼事，李達康往往從利益的原因考慮該去做時，加拉哈特往往從道德或者社會規範的角度去考慮，否定李達康的建議。

當然，加拉哈特的道德不是為了約束別人，而是約束自己。

比如，我任何時候都不會出手打人，這並不是因為我道德高尚。而是因為我知道，一旦出手，你即便再有理都是錯的。

我何嘗不知道，如果主播遊戲打輸了，女友當著網友的面嗆你，這確實很容易生氣。但我一定不會動手，因為我知道，哪怕沒有打，只是當著大家的面掀了桌子，你會有什麼樣的後果。

又比如項目經費上千萬的海歸教授，一旦打了人，你天大的學術成就都會被人否定。

加拉哈特所代表的情緒是恐懼，人可以從自身的經歷或者別人的災難後果中，意識到自己的行為會導致什麼樣的後果，他們能學會為自己的行為負責，提醒自己不要越雷池半步，否則會墜入深淵。

4.情緒智者艾利斯

阿爾伯特·艾利斯是美國心理學家，他提出了合理情緒療法，核心觀點之一，就是我們的行為常常被自身的不合理信念所誤導。

通俗地說，情緒議員是會說謊的，會為了強化自己的觀點而虛構事實和回憶，尤其是曹正淳滿嘴謊話。艾利斯的任務就是質疑情緒議員的觀點，他通常問三個問題。

「這個事必須這麼做嗎？有其他可能嗎？」（絕對化）

「這個事就這麼糟？會不會有些災難後果並不會出現？」（糟糕至極）

「一件事不能表示他就是渣男，應該立馬分手，任何人都有可能犯錯誤，不能以一個行為代替這個人的全部評價，不是嗎？」（過分概括化）

艾利斯所代表的情緒是理性，你必須時刻意識到，最愛欺騙你的人，恰恰是你自己。

我想，若這四個情緒內閣的常委參加當時沈校的決策過程，可能是這樣。

李達康：「不可與這處長糾纏，衝突過大，改革難以進行，暗中收拾就行。」

加拉哈特：「這樣顯得太陰暗了，這麼做你與那些人何異，那些人的結局你不知道嗎？」

沈校：「看來得當眾反擊，但不能放大衝突。」

曹正淳：「這處長簡直壞透了，一點良心都沒，你這麼為學校付出，還這麼攻擊你。罵死他，在座的人都會支援你。」

艾利斯：「人都為利益而生，而不是有沒有良心。改革如果沒有成果，那不算是有付出。你不能強求一個人完全和你同一立場。」

沈校：「處長今天的冒犯，也許正說明，有很多人並不認為我的做法是為他們好，看來我有必要澄清一下。」

於是，沈校的最終行為，不僅得體而且快速有效。

當然，情緒議會不單單只有這四個常委，還有一些委員，他們有自己分管的領域，比如分管愛情的董卿，她象徵了溫柔情緒；分管敵人的「紫電掌」孔濤羅，他象徵了仇恨情緒等等。

情緒穩定，是一個人能在社會上長期生存的必要條件，也是一個人經得起大風大浪的標誌。可以說，是成為成功人士的先決條件。

那麼從現在開始建立起你的情緒議會吧！複合情緒，能驅使決策者在建議資訊中尋找更多不一致的資訊，並進行深思熟慮，此時決策者如果具有良好的認知能力，擁有足夠的認知資源，那麼就能對建議進行高品質的處理，能達到兼聽則明的效果 (de Hooge et al.,2014)。

正如我們的眼睛、耳朵、鼻子等等的功效並不是那麼可靠，對情緒的偏好，會讓人變得偏聽偏信。

往往外在的表像太過真實晃眼，讓人不自主的忽略了內在的本質，正如人們鍾情於花朵豔麗的外表，卻忽略了她的實際效用。

或許你該冷靜一下，或許你該放下你的矜持、傲慢與偏見，認真的瞭解、思考過後，或許真相並不是表面上那麼直觀。

真相或許就隔了一層紙，取決於你是否有勇氣去捅破。

優秀的人，是不能輸給情緒的

前幾天我聽說了一件讓人無比惋惜的事，一個作者的書剛上市，就被狂刷低分，最終二點一的得分幾乎成了豆瓣書籍部分的最低分，作者也在密集的網路暴力圍攻下，受到了嚴重的精神打擊。

本想為這個可憐的作者說幾句話，可當我瞭解了事情的前因後果後，我發現作者雖然在此次事件中是一個受害者，但他對自身情緒邊界的缺乏認識，導致憤怒和驕傲等情緒失控，才是這件事的根本原因。

事情是這樣的。

作者的新書剛上市，豆瓣的評分就高達九點二，這樣高的得分可能是來自作者粉絲的善意，也可能是出版社的一些行銷方法。

結果，豆友Y不高興了，在書的評論下罵作者，還擅自篡改了書籍的簡介和封面。由於這位Y在豆瓣還有點影響力，一時間書被迅速狂刷低分，從九點二降到了七點四。

作者看到Y的侮辱性言語非常生氣，用他的原話說「侮辱家人觸及了他的底線」，他把豆友的侮辱性截圖放到了知乎上，在那裡他有三十萬粉絲。可能一方面他需要粉絲情緒上的支援，另一方面他也需要粉絲幫他聲討這種語言攻擊。

這點我能理解，我們每個人的心都是肉做的，即便別人是網紅、是意見領袖，我們也不能要求別人永遠無視來自他人的侵犯。總要求別人「有風度」，要求別人「淡定一點」，是一種強人所難。

但作者這樣的反擊，顯然步子邁得太大了，他成功激起了讀者的情緒，但也將自己推進了矛盾的漩渦。

在作者的粉絲抨擊豆瓣「酸民多」時，豆瓣時常「小確喪」的文藝青年們不淡定了，維護豆瓣的本能反應，讓他們紛紛加入罵戰，還報復性地給作者書打低分。

而作者此時還做了一件極為火上澆油的事，他在和另一個給差評的豆友罵戰時，流露了很強的驕傲情緒，他的原話是：「失敗的垃圾掀不起什麼風浪，弱者在被碾壓之前總要試圖發出幾聲慘叫，把你的帳號和你愚蠢的評論放在這裡讓我三十萬粉絲嘲笑，是我非常樂意看到的一件事。」

這句話成了別人攻擊作者的鐵證，在「網路大字報」盛行的今天，看到這樣的驕傲，吃瓜群眾自然會把自己劃分到「弱者」一邊，接著他們會像紅衛兵一樣，開始打倒「牛鬼蛇神」。於是，作者書的評分一路下跌到如今的二點一。

同為出書作者，我知道出一本書的艱辛，也知道一本書的利潤和目前所謂的網路變現方式來比，實在是不值一提。

但這本書沒有成為自己的驕傲，卻成為了別人攻擊自己的素材，這一定是很痛心的。不過經歷了這樣的事，能讓他對自己的情緒有一些深度思考，那也是值得的。

比如，這一次作者的憤怒，讓他有了引戰的行為，而最終矛頭都對準自己時，他自然發現這個行為錯誤了，他就應該思考，此後該怎麼理解自己的憤怒，並做出正確的行為。

所謂衝動的懲罰，正如尼采所言，如果我們的衝動是無選擇的，那它就和無選擇的性衝動一樣，是一種下賤的本能！

情緒激烈時，你不能放任情緒自流，也不一定要壓抑情緒，而要思考把這個情緒用在何方？

那我們遇到作者的困境時，該採用什麼樣的情緒策略呢？

拉扎勒斯（Richard S. Lazarus,1992-2002）是美國傑出的心理學家，應激理論的現代代表人物之一，在二十世紀六〇年代提出了情緒認知理論。

拉扎勒斯認為情緒的調整方式有兩種，一是逃離引發情緒的情景，二是直接面對情景，用認知評價的方式改變情緒的發生。

當豆友Y留言謾罵時，作者顯然被激惹到了。其實他可以採用上述的方法一，關掉畫

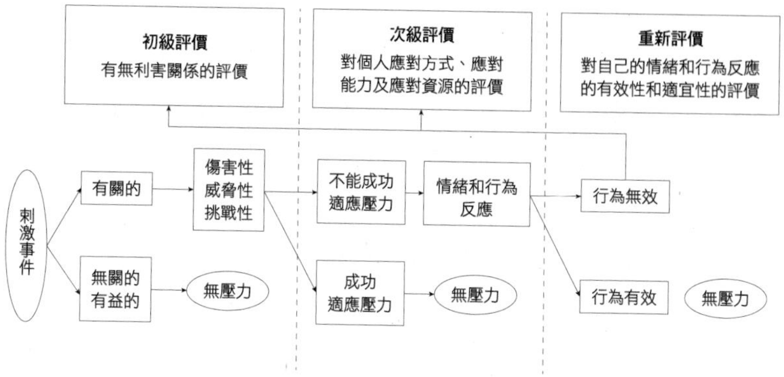

面去打遊戲分散注意力就行，畢竟這個評分，又不是影響書籍銷量的唯一因素。

不過要做到這一點要有一定社會閱歷，經歷過大風大雨的話，那麼情緒的臨界值就會很高，不容易被激惹。

明星在微博上天天被成百上千的人罵，如果要一一關注，那早被氣死了。其實明星的策略無非是「越罵越紅」、「與我無關」。

當然，從小就在意別人評價的人，很可能做不到無視，那他們就必須學會第二種方式，對情緒進行認知評價，然後改變情緒，消除壓力。

可參考拉扎勒斯的三級認知評價理論如上圖。

當豆友Y留言罵人時，作者做不到評價「無關的」，那我們進入初級評的「有關的」程式，開始評價這件事的「傷害性」、「威脅性」、「挑戰性」。

我點開Y的豆瓣主頁，他在簡介裡自稱他是一個豆瓣酸民，而「用髒話問候別人媽媽」是他的口頭禪，對很多人都用過。言語毒且犀利似乎就是Y的風格，因此才有這麼多粉絲。他也曾說過，豆瓣因為這個多次想請他去喝茶。

所以，Y不會真的來傷害媽媽，不具有「傷害性」；Y這話就是口頭禪，不專針對這位作者，不具有「威脅性」和「挑戰性」。

如果意識到這裡，壓力就應該能夠調適了。如果還不能調適，我們進入次級評價模式，對個人應對方式、應對能力和資源進行評估。

不得不承認，作者的粉絲都集中於知乎，豆瓣和Y同學比起來不是一個等級，在這裡和他開戰是不明智的。

其次，你必須清楚意識到，知乎並沒有顯示是粉絲，而是你的關注者。既然是關注者，裡面肯定有相當一部分是你的支持者，會為了維護你奔走吶喊的人百分之一都不到。大部分人都是關注你的作品，希望從你的內容中獲得知識，如果這部分人看到你的幼稚行為，他們會粉絲轉路人，甚至粉絲轉黑粉。

另外，關注者裡也存在著少數人，他看著你走鋼絲，然後期待有一天，你一腳踏空。意識到上述內容，作者就應該明白，去知乎引戰是多麼不明智的行為（應對方式錯誤），而在豆瓣撕破臉呢，自身資源又不足。

而且平臺之間的用戶還是有一些是排斥對方的，帶人過去罵戰，只會招惹很多人的敏感神經。結論，無實力而且手段錯誤的憤怒是無意義的。

此時不妨把自己委屈的情緒調出來，發一條私訊給Y：「兄弟，評價一星就算了吧，咒罵我媽就算了吧！我們都心疼自己的媽媽，大家無冤無仇，出來混也不容易。」

就算Y不回應，我猜想書的得分也能維持在七分多，也不會陷入批評的漩渦裡。

曹操就很懂這個策略，當陳琳寫檄文罵他時，曹操看完文章，氣得頭風立馬就好了，立刻調兵遣將打袁紹。事後抓到陳琳時，發了個很大的火說道「你罵我就好了，幹嘛罵我的故去的父親」。然而他卻不處死陳琳，還重用了他，成功用這樣的方法收買了袁紹遺部的人心。

可以說，曹操就很懂得，把情緒和行為分開，懂得在刺激條件下，怎麼樣用自己情緒為自己獲得最大利益。

在成功的路上，最大的敵人其實並不是缺少機會，或是資歷淺薄，成功的最大敵人是缺乏對自己情緒的控制。憤怒時，不能制怒，會使周圍的合作者望而卻步；消沉時，放縱自己的萎靡，則把許多稍縱即逝的機會白白浪費。

就像動物有自己的領地範圍一樣，每個人都會有自己的心理邊界。但我們必須清晰地瞭解自己的邊界在哪，靈敏地嗅出危險，認知地評估敵人的實力，溫和而又堅定地選擇對抗敵人的戰術，這才能讓我們賴以為生的利爪和牙齒不被磨傷，在這個殘酷的社會上生存下去。

憤怒是一個警報，警告你必須為保護自己採取措施，但憤怒不該是一個衝鋒號，讓你敵人都沒看見，就冒著槍林彈雨前進。

情緒是一個信使，智者從能分清情緒的邊界，瞭解自己有所為，有所不為。

情緒不是一個暴君，讓你因為一點微不足道的侵擾，就傾巢出動。

所以說優秀的人，是不能輸給情緒的，因為無論你現實生活多麼優秀，搞不清情緒的邊界，遲早會毀掉你的生活。

PART 4

想在關係裡獲得幸福，你需要……

我化好了妝，卻沒有約會

情人節要到來之際，朋友圈總會彌漫著一股焦慮的殺伐之氣。大部分昨天內容還是「春節到底胖了幾斤」、「趙雷的成都到底有多棒」的朋友圈，今天突然搖身一變，開始標榜自己是單身狗，各種嘲諷情人節的文字頻頻出現。

很多女子在吐槽自己找不到男朋友的同時，破天荒的放上了自己的自拍。當然是化了妝的，大概還花了兩個小時P圖，乍一看你根本認不出是她。

向來標榜自己「直男萬歲」的小黑發言了，他說：「快刪掉這些放自拍的人，太過分了！吃個飯發自拍，出去旅遊發自拍，連遇上車禍都發自拍，難道車禍現場是在她臉上嗎？」

看來小黑單身三十年，確實是有一定實力的，不過我也不用為他擔心，畢竟他也習慣了。

我對小黑說：「女人化好了妝，卻沒有約會，妝那麼貴又不能浪費，那只好自拍囉。」

其實我想說，你與其刪除她們，不如邀約她們，特別是情人節這種人心浮動的日子。

我有一個習慣，如果和女人約會時，她化了妝，那我不僅會搶著埋單，還會在走時送她一個禮物，無論她和我聊不聊得來。

因為我覺得，化妝本身就是一種高貴的付出，至少我本人是很難分清「眼線筆」和「遮瑕膏」有什麼區別，「玫瑰紅」到底比「洋紅色」紅多少？

現在的女人都太難追了，但我個人有一個小技巧，如果她在某個時段，自拍突然變多，而且化了妝，那你約她的成功率會高很多。

女神蘭姐的一番話比較符合女性心理，她說：「有時候化妝和自拍也不是給男生看的，是希望自己照鏡子也能精神滿滿。最重要的是，既然化了妝，那就得強迫自己出去溜達一圈，宅久了會生病！」

進化心理學有一個觀點，其實人類從一開始是沒有「顏值」一說的，但在漫長的進化中，人類對身體吸引力，尤其是男性對女性身體吸引力形成了偏好，因為身體吸引力是女性身體健康和繁衍能力的典型信號（比如長髮、大胸）。

即便現代男人更看重女人的性格和修養，但老祖宗的某些想法，潛伏在我們內心深處，因此男生還是會集中偏好特定的某一些人，比如「網紅臉」。

女人很難理解為什麼，據說某些來自男人基因的觀點認為，網紅臉的女生比較耐餓，養得活。

對於化妝這件事，女人也不用感到可恥，這是一種增加求偶機會的策略而已。**妳化妝並不是因為妳不美，而是男性祖先留下來的某些 Bug 沒有修復而已。**但更可悲的是，女人化好妝，突然發現自己沒有男朋友，也沒有約會。

男生們總說，自己喜歡素顏的女人，反感濃妝豔抹。其實他們是自欺欺人，他們是喜歡素顏也很美的女人。

不過，我認為大部分人遇不到這種女人，他們更不明白女人有一種偽素顏妝，化起來比濃妝還麻煩。

當然，男生們更難明白也不願明白的一點就是：女為悅己者容，一個女人願為你梳妝打扮，實在是一件再幸福不過的事了。

不過嘛，沒有約會，照樣是需要化妝的。美國心理學教授費馬老師，曾經用很巧妙的方法告訴我，自我展示是一件非常重要的事。

費叔在進行完白天的學術演講後，晚上神秘的打電話給我，要我帶他去昆明最熱鬧的酒吧玩。

「要去喝酒嗎？要不，我再叫幾個朋友！」我問他。

「不，我們是去約會的，就你和我。」費叔說。

聽到約會這個詞時，我心裡有點亂。不過「Date」也還有其他翻譯，不知道是不是我英語不好沒理解正確。管他，去看看老外葫蘆裡賣什麼藥。

掛電話前，費叔還請我打扮時髦一點。

來到酒吧，費叔穿了一身與年齡不匹配的Hip Hop，我則穿一身休閒裝。點了兩杯酒後，他說：「周老師，我們倆來比，看誰一個小時內要到女人的電話號碼多？」肥胖外國中年人還敢跟我比，簡直太看不起我了。不過我有點害怕被打，扭捏了好一陣才出發。

一個小時後，我要到兩個，費叔要到五個。

我問他：「這是鍛煉我的自信嗎？」

他說：「NO!」

「這是拓寬我的人際交往嗎？」

「NO!」

「這是為了研究新的搭訕技巧嗎？」

「NO!」

我問他：「那是為了什麼？」

費叔說：「是為了看清 Who you are!」

這時，費叔講起了心理學中的「鏡我」概念，據說這是他爺爺的理論。剛才被他搭訕的幾個女子還饒富興趣的過來聽。

在一般情況下，人是高度關注自我的，但這種關注會局限於自己的視角，就會有盲點。如果一個人過於相信自己的視角，那就會無法形成良好的自我意識，無法規範自己的行為。

你周圍的人，和你有利害衝突，他們對你的看法是帶有自己期望的。人如果過於迎合這種期望就會扭曲自我。

而陌生人則不一樣，他們不用掩飾自己的情緒，一切憑自己感覺，除了簡單禮節外，相對約束較少，他們就是你最好的「鏡子」，而在他們眼中，你能找到你自己。

後面的聊天中，我更是在心中連賞了自己幾個耳光。

我是逢人就說，我是一名大學老師，因為我覺得這個身份能讓別人尊重，表示我在內心中充滿了自我限制。費叔明明是個教授，但他對陌生人宣稱自己是魔術師，並且能從女人眼中看出她是什麼星座。（其實他經常猜錯，但女人對他很有好感）

接著，費叔告訴我，「約會」是需要「化妝」的，這個「化妝」不是對臉，而是對內心的化妝，這叫「理想我」。

於是我明白了，**化妝不在於用多麼高檔的化妝品，而在於你對自己有多少的期望。不化妝就出門，有時候並不是樸素，而是一種自暴自棄。**

化好了妝，卻沒有約會，其實完全不用擔憂，因為這個世界就是一場約會。人生到處是機會，我們要隨時化好妝。否則，萬一胡歌突然就來了，你的素顏會嚇到他。

戀愛終極法則：別拿著放大鏡找愛情！

櫻桃是我以前教過的學生，身材高挑還有一雙大長腿，我清楚地記得，在金話筒比賽上，她的漢代宮廷舞跳得讓人陶醉。

前幾天她找到我，請我幫她分析一下，已經分手的前男友，是否有挽回的餘地？

我隨便看了幾眼聊天記錄，結論就有了：這個大她七歲的前男友，根本就是在玩弄她。

截取一段給大家看看：

男：妳早點睡吧！

櫻桃：嗯嗯，你也早點休息吧，晚安！

男：記得找個年輕的愛妳的。

櫻桃：放心吧！我會的。

櫻桃：你的東西我寄到哪裡給你？我不想留著。
男：好的。
櫻桃：你的東西我寄到哪裡給你比較合適呢？
男：幫我丟了吧！

原諒我直白，前任的東西如何處理，是不需要請示前任的，尤其是被分手的一方。你問了對方，對方不會覺得你是一種善意，更像一種企圖延續關係的「緩兵之計」。如果他越是傷害你，你就越對他好，那只能顯示你這個人價值極低，完全離不開他，他會慶幸自己，已經趁早把你給甩了。

其實作為一個老師，看著你的學生被辣手摧花，真不是滋味。在不斷感嘆渣男總是擁有好運氣時，我們也不斷惋惜戀愛上的盲目。

我委婉地告訴櫻桃，男生想找個比他小七歲的女友，如果這個男生不是特別帥的話，那得實力非常強才行。從她的描述上來看，這個前任似乎並不特別。

可是櫻桃總能舉出很多理由來說服我，這個前任是在乎她的。

「他還是愛我的，只是不像從前了，不然他為什麼還給我地址？」

「以前，他每天晚上不管多晚，都會和我說晚安，我一生氣他絕對都會來哄我。但是現在不會跟我說晚安，不會再叫我老婆，我生氣他也不會哄我。但是我晚上出去他又會打電話給我，上週我去成都訂了早上八點的票，他在五點的時候打電話叫我起床。」

我沒法回覆櫻桃的這些問題，我不知道一個前任為什麼還會說晚安，也許他就是禮貌一下呢？

我也不知道他為什麼要給地址，也許他就是喜歡收前女友禮物呢？

我更不知道在他已經不叫老婆，也不會哄妳的今天，為什麼會打電話叫妳起床？也許他太無聊呢？

我知道，櫻桃希望我告訴她，她的前任依舊「愛著她」。我如果瞎編點什麼邏輯，從專家的角度幫她證實一下這個偽命題，那她一定會非常高興。可是我不能，我不想撒謊騙她，也不希望她自己騙自己。

朋友湯小姨說過這樣一段話：「我知道你分手了不甘心，還想和對方『做朋友』，一個無名無分卻無怨無悔喜歡著人家的朋友。

但那些拿來說服朋友閨蜜，用來證明對方喜歡著你的蛛絲馬跡，請你不要再提起了。只有作奸犯科，不想承認的壞人，才需要分析蛛絲馬跡來確認。真正喜歡你的人，從來都是熱烈而明顯的，如萬馬奔騰，敲打著你的心。

需要用個放大鏡來尋找的愛情，不是太渺小，就是根本不存在。」

情聖君有一個理論非常怪異，但實際操作下來，卻很有道理，那就是：

「同一時間追求異性，不妨追求兩個；追求三個以上，精力太分散，會讓你每一段關係都無法升溫。但只追求一個，失敗率是非常高的，即便無數人告訴你要專一。」

因為只追求一個人，你會無可避免地陷入「琢磨」陷阱中。你會過分在意對方的一舉一動，像是拿著個放大鏡，然後字裡行間去尋找對方喜歡你或討厭你的證據。追求兩個人，是讓你在一段關係裡，被動地學會收放自如。

「琢磨」陷阱，會讓你被別人的情緒牽著走，你抓破頭皮地想要迎合對方，卻發現自己每走一步都是錯的。

你過分在意對方的悲喜，卻忘了「做自己」才是吸引異性的最大魅力。

我有一個身家上億的朋友鮑總，在閱盡「網紅臉」後，深深地愛上了一個樸實的女孩。

女孩長相不算漂亮，心地卻十分的善良。家庭條件不錯，卻從不穿太過華麗的衣服，約會時也儘量幫他省錢。

鮑總感覺遇上了真命天女，然而這位「夜店把妹小王子」卻在這段真情裡一籌莫展，二十四小時發消息給我，讓我幫他做「愛情參謀」。

某天女孩說：「我覺得你今天晚上有點不高興。」

鮑總當然不高興了，因為在飯局上，另外有個朋友要了女孩的微信。

鮑總回女孩：「也沒有，可能我這個人比較自私吧，有時候我很害怕自己的東西被人搶走。尤其這個人還是我的朋友，我這麼眼睜睜地看著，感覺自己好無力。但是在喜歡的人面前，我又做不了什麼……」（以下省略八百字）

女孩：「……」

鮑總：「沒什麼的，妳就告訴我，我什麼都接受的，哪怕是最殘酷的結局！」

女孩：「沒什麼事，不好意思讓你不開心了，早點睡吧，我也累了！」

鮑總卻睡不著，感覺天都要塌下來了，趕緊打電話給我，讓我幫他出招，我看了聊天記錄，恨不得賞他兩巴掌。

當女孩說：「我覺得你今天晚上有點不高興」時，鮑總是不需要扯這麼一大段的，只需要說：「我怎麼可能不高興？你是沒見過我不高興的樣子，我要是不高興了，立馬就跑到臺上唱好漢歌，大河向東流啊！天上的星星參北斗啊！」

當發現一段關係開始過分敏感時，我會使用幽默「去敏感化」，而鮑總的反應顯然加重了敏感化。

當你真心喜歡一個人時，你的情緒是非常敏感的，無論是男生還是女生，都會過度放大對方在和你交往中的一些情緒線索。

其實這些情緒線索是不用反應的，也許當事人轉個身就忘記了。但深情的人會放大化這個情緒線索的重要性，認為關係受到「重大威脅」，繼而採取「緊急措施」，端出一幅我們需要好好談一談的樣子。

多少美好的戀情就毀在這種過度反應裡。

一個單身而高價值的青年，他絕對不會身邊空無一人，所以你在發現對方有一大堆個追求者後，請不要憂鬱、悲傷、憤怒、指責，之後上演一齣自我感動的大戲，接著滿懷絕望的刪除對方。

悄悄告訴大家一個真相，不要在意那些朋友圈裡和你男神女神打情罵俏的「賤人」，他們根本威脅不到你的感情，那些已經曖昧、交往過的敵人，是不會輕易出現在你面前的。

我還發現一個悲傷的事實，每當朋友或者讀者，他們的戀情已經陷入到需要心理專家來分析朋友圈或者微博，需要我根據她們提供的蛛絲馬跡來分析對方的情感狀態，甚至需要我教會她們怎麼接下一句時，這樣的感情距離失敗已經不遠。

當然，鮑總的這段戀情就毫無意外的結束了。

沒事別去自我分析感情，在巴納姆效應下[4]，人很容易把對方所有的一切行為都歸為：「他喜歡我。」

湯小姨說：替你朋友圈點讚不是喜歡你，私訊你也不是喜歡你，每天和你發微信也不

---

4 編注：巴納姆效應（Barnum effect）是一種心理現象，人們會對於他們認為是為自己量身訂做的一些人格描述給予高度準確的評價，而這些描述往往十分模糊及普遍，以致能夠放諸四海皆準適用於很多人身上。

是喜歡你。和你睡過，也不一定是喜歡你。親口說他喜歡你？那有百分之四十八點三的可能是喜歡你。

用放大鏡看世界，世界是美麗的。但用放大鏡看人，人是殘酷的。

當放大鏡無限擴張了原本藏在心裡的細微情緒，它會讓快樂的事更加快樂，但也會讓痛苦的事更加痛苦。然而在感情中，痛苦一次就可以把快樂十次的好感抵消。

在一段關係中，老是這麼分析來分析去，不僅浪費時間，更減少你與對方正常交流的機會。尤其在對方對你不是太感冒的這種狀況下，你細節中暴露出的敏感和多疑，會加大他對你的疏遠。

當你開始用大腦去思考愛情該怎樣發生，該遇到怎樣的人的時候，你已經偏離愛情的本質了；當你開始理智地分析這個人怎樣的時候，你已經抑制了愛情發生的可能性。

我做好了和你一輩子的打算，也做好了你隨時離開的準備，這也許是最好的愛情觀，情到深處不糾纏。

談感情，先認真做好自己

對於相親，我內心一開始是拒絕的。

願得一心人，最好不相親。

然而，我觀點還沒有維持一個月，就被好友趙博士的研究徹底打了臉。

根據趙博士的實證研究，近五年來，自由戀愛的青春男女們離婚率很高，而透過相親認識的婚姻卻要穩定的多。

我雖然非常想吐槽他的研究結果，但他的研究方法是可信的。也許，自由戀愛的多半沒有經過感情磨合期，雙方是衝動結婚的，所以離婚率高；相反，相親認識的多半都是在自由戀愛中已經傷透了心，另外家裡人給的壓力也大，要求相對較低，所以比較穩定。

其實問題並沒有那麼簡單，我漸漸發現，相親其實是一次情感的巨大挑戰。能過了這道關的人，感情攻擊力將飛漲，主要有以下兩個原因：

1. 近年來，相親對象中素質高的人比例越來越高，有些人又漂亮又聰明，卻出來相親，大多是要求過高，很難相處的。面對這些人的挑剔，本身就是一種極大的挑戰。如果表現好，得到了這些人的認可，心理收穫是巨大的。

2. 相親多是長輩介紹，長輩的審美眼光實在讓人無法接受，同輩推薦的人則要好很多。這麼說吧，相親是一面鏡子，你在別人心中什麼樣，就看他們推薦的人就行。

如何與異性交流真是個麻煩的問題，公眾號裡很多讀者留言求助，於是我寫出這篇相親攻略。

有比中國流行的查戶口式的相親更讓人無聊的事嗎？

但如果我們把相親當作一場和陌生人浪漫的約會，那你就不會排斥了吧！

很多電視臺的相親節目上，男女嘉賓往往和對方還沒有聊上幾句，某一方拔起腿就走，弄得節目組異常的尷尬。

節目組往往只考慮了雙方的條件，卻偏偏忽略了一個重要問題：戀愛這件事，心理成熟度遠比自身條件要重要。

對著攝影機，誰都沒法進行一場無聊到腳指頭的約會。

男生十八歲就可以當兵，但二十二歲才可以結婚。可見，結婚過日子可能是一件比戰爭還要殘酷的事情。

我有一朋友是著名財經評論員，各大銀行經常請他出席講座，他吹噓起財經，群組裡的姑娘幾乎都沸騰了。

都說財經女人心，可我這朋友的感情卻不大順利。因為他一到女孩子面前，就再也不是那個言辭犀利的財經大師了，變成了老師面前的三好學生。

他很怕把約會搞砸，給女孩留下不好的印象。所以只能討論一些保險話題，比如學校、工作、家庭等等。

特別見到越漂亮的女孩，更是害怕一句話暴露了自己，怕對方知道自己長年單身，怕對方知道自己曾經被前任無情拋棄，怕……

越是這樣恐懼就越是會讓異性討厭，尤其女孩的這種感知能力可能超出你的想像，感情經歷豐富的男神更是能一下洞悉你內心的軟弱。

所以你的安全話題，只會讓這份情感終結。討好的做法不能產生吸引力，吸引力需要神秘感。

很多相親攻略對於言語吸引力這點總是一筆帶過，那是因為作者並不懂。那些懂吸引力的大神總是獨佔有著優質異性資源，並不願意出來分享。

很多人在媽媽教的愛情誤解裡一困就是一輩子，如果你受夠了乏味的單身生活，可以和我一起選擇改變：

1.放棄安全話題

第一次相親或約會到底應該如何撩妹或者撩哥，請把女神當成你的粉絲來交談，把男神當成認識你幾十年知道你有腳臭的老友來談。

這個時候，你就是比她強的人，他會用崇拜的眼神看你，而且知道你沒有一點遮掩，會喜歡你坦率的作風。即使他不同意你對某個問題的看法，他也會尊重你的想法。

歡樂頌裡，關睢爾還使用英語和對方交談，以避開父母的霸王相親。其實我覺得，雙方都能用英語這麼配合默契，乾脆在一起算了。

相個親，有點真本事就拿出來啊！

2.講一個好故事

展現自己價值觀和獨特思想的最好方法莫過於故事了，會講故事甚至已經成為現代社會的核心競爭力。

聚會裡，會講故事的人經常成為主角，就因為我自己有很多生動有趣的故事。最怕你碌碌無為，卻安慰自己平凡可貴，沒人喜歡自己的戀人平凡無奇。一個沒有故事的人，我看來幾乎就是已經死亡的人。

你的人生裡一定有什麼閃光點的，很多搞笑幽默APP裡，有很多不錯的故事，可以學習他們的表達方式。

但故事一定要真實，虛假故事只會讓人反感。且故事不要長，突出重點，更不要炫耀。

下面說一個我自己的故事：

「你知道嗎？大學期間我曾經是網路成癮少年，但現在我卻是治療網路成癮的心理專家！因為大學期間，有位導師讓我心理輔導一個沉迷魔獸世界的少年，結果我沒把他治好，卻把我自己治好了。有時，命運就是這麼無常。」

3.借題發揮

相親時，不要一開始就問人家在哪裡工作，感覺很勢利眼。鑒於我們整個群體的戀愛情商普遍較低，我還是教一下大家如何幽默應對這個話題。

比如別人問我：「你在哪高就？」

假如我回答：「我是一名大學教授！」這是顯得比較高端，但一個靠身份優勢獲得的愛情必定是一段自卑的附庸愛情，我不推薦。

假如我回答：「我在昆明某高校任職！」這種語焉不詳的話題只會引起對方警惕，對方進一步追問也會很尷尬，更要避免。

怎麼回答呢？比如利用諧音故意曲解她的話，也可以使用誇張技巧，把話題變得幽默。

如果問：「你在哪裡高就？」

你就說：「你怎麼知道我舅舅很高。」

如果問：「你是做什麼工作的？」

你就回答：「我是一名特工，我的任務就是把我的思想裝到學生腦袋裡。」

順便一提，如果男神說：「我喜歡那種很有女人味的！」

妳可以立即回答：「原來你喜歡那種不洗澡的女生。」

請記住，幽默是一個人心理強大的外在體現。

4.討論愛情

很多人這輩子和喜歡的人不能在一起，最大的原因就是永遠停留在友誼區。他們覺得撩妹或者撩哥顯得很冒犯，像流氓。

這真是天大的誤解，文藝界公認的女神三毛，她的撩哥功力可不是一般高啊！

荷西問三毛：「妳想嫁個什麼樣的人？」

三毛說：「看順眼的，千萬富翁也嫁；看不順眼的，億萬富翁也嫁。」

荷西問：「那我這樣沒錢的呢？」

三毛嘆了口氣：「要是你的話，只要夠吃飯的錢就夠了。」

三毛只用簡單的兩句話，就把荷西撩得感動至深。既沒有讓大家覺得她是拜金女，又充分表達了自己的愛情觀：喜歡就是喜歡，有錢也好沒錢也罷，才不會因為世人的眼光改變自己的初衷。

這個時代，愛情是需要主動的，無論男女。

但主動追求愛情，並不是主動表現自己。愛情其實是不需要追的，愛情需要雙方主動構建互相吸引對方的力場，這裡面你有很多要學。

總而言之，約會和相親時，停止查戶口式的無聊問題；忘掉那些教你察顏觀色的言論；「希望你不要介意」這樣的話永遠不要出口了；說你想說的，不要總想著迎合別人說話；女生不拜金，男生不要總想著靠禮物討她歡心；男神也不是純粹看臉，濃妝豔抹對你的感情並無幫助。

把相親當成一次展現魅力的舞臺吧！老是怕搞砸，就無法創造吸引力。

其實，不僅僅是相親，即便是在我們的整個人生，我們最重要的事情便是，認真的做好我們自己啊！

如果放不下前任，請放過現任

有這麼一個問題：「如果你的前任來找你復合，你想對他說什麼？」

點讚第一的答案是：滾！

點讚第二的答案是：快來人啊，有人死而復生了，幫我按住它的棺材板。

點讚第三的答案是：一個巴掌賞過去。

這幾個答案都是出自女性網友，其實我明白，如果真的前任來找她們，也許她們招架不住幾輪就會淪陷。

為什麼呢？因為前任依舊能激起她們的情緒反應。

她們忘了一句話：真正的離開是悄無聲息的，真正的遺忘也不是刪掉所有你的回憶，而是看到你時，我的心裡泛不起一絲漣漪。

有個答案出自男性網友，我相信這個人能真正忘記前任：「您好，謝謝您的好意，但是當前我們的條件不能同意您的提議，感謝您對我的關注。」

分手後不可以做朋友，因為彼此傷害過；分手後不可以做敵人，因為彼此相愛過。所以，只能做最熟悉的陌生人。

如果是我的前任找我復合（當然她也不會），我是無法答應她的請求，這無關於我們是否曾經深愛過，也無關於我是否是一個專一深情的人，更不在於什麼好馬吃不吃回頭草。

而是我明白，我的情感模式已經變了，變得不能再適應當初的那段關係了。

當年我喜歡一個人，可能喜歡她有九分，但我最多能表達出三分。

而如今，我喜歡一個人有七分，我會強制自己在內心減少兩分，然後我能表達出九分。

為什麼？因為我已經不再年輕了，我的內心上著無數的鎖，我很清楚的知道生活中有多少人在對我虎視眈眈，所以愛情這件事，我實在是做不起奢侈的電影夢了。

我多麼希望我還是那個操場上運動時偷看她一眼的三好學生。

我還是那個，天天跑到她宿舍樓下裝水的木訥學長。

我還能是那個，深夜躲在被窩裡看許巍的詞，想為她寫一首歌的放蕩才子。

可惜我不再是，也不能是了。

我太累了，再也不能毫無保留的付出了！

我希望我的情感還像當年一樣，有著滿滿的一杯水。這樣我就可以繼續不顧一切的委曲求全，沒有底線的一退再退，毫無羞恥的自我感動。

可惜啊，我現在清醒了。你知道嗎？已經理智到無法再被愛情欺騙時，這是何等的悲哀與失望。

當紫霞仙子離開至尊寶後，至尊寶成長了，但至尊寶變成齊天大聖後，他將再也愛不了任何人。

為什麼那麼多人看了《前任3》哭得不成人形，因為我們看到了電影裡的自己。

那一刻，我們突然明白了那些，看不開的錯過，與放不下的離開。

孟雲趕到林佳門口時，看到另外一個男人的鞋時，他轉身離開了。

我以為他會痛毆他，覺得要是我，一定會奮不顧身的敲門，然後拼命挽回我最愛的人。但後來，我發現這其實不是勇氣的問題。

孟雲知道，林佳已經不能再像以前一樣毫無保留的支持孟雲的事業，哪怕孟雲不回家，哪怕孟雲天天是應酬，她也無怨無悔。

其實林佳沒有那麼偉大，她只是個普通的女生，一個需要抱抱的女孩。

她需要一個人在她換季生病的時候陪著她，而這個人不是那把事業看得重於一切的孟雲，而是那個送她到 KTV 門口卻一直等著的老實人王鑫。

孟雲也知道，他需要一個能協助自己事業的人，這個人就是那個叫他大叔的王梓，哪怕他最愛的是林佳，哪怕他曾經在街角放棄了王梓。

兩個人的情感模式都變了，一個人變得需要別人溫暖，一個人變得懂得給別人溫暖。

當大家看到孟雲穿成至尊寶、林佳吃芒果的時候，都以為他們是如此深愛對方，一定是想挽留對方吧。

其實大家都錯了，他們這麼做是為了兌現最後的承諾，而兌現這個承諾的目的，是為了在心裡徹底放手。

有這樣一句話：「前任也曾是對的人啊！」

前任確實是對的人，但前任和你都不是一成不變的，當一段關係發生改變時，前任就錯了！

心理學家 Shulman & Kipnis 發現，在戀愛的初始階段，青少年強調戀愛關係的親和特徵，視戀愛關係為一種陪伴關係 (companionship)。

在這個階段裡，戀人更強調激情和快樂，他們重視的是對方和自己「聊不聊得來」、「來不來電」、「有沒有心動的感覺」，在一起是否能給自己帶來一種全新的體驗。

如果在這個階段分手了，那戀人是有復合的空間的。前提是某一方必須展現出另外一方所沒有看到的特質。

用《前任攻略2》的話說，如果你覺得自己只是看到了你的一小部分，你身後還藏著一個珠穆朗瑪峰時，他便會開始好奇，進而攀登高峰。

但隨著性行為和深度思想交流的進一步發展，戀愛關係會轉向承諾和忠誠，有些甚至會發展出依戀和支持的關係（Shulman & Scharf, 2000）。

如果在這個階段分手，會對人造成精神重創，因為人已經修改了情感模式來迎合對方，並進行了大量的自我暴露，此時分手就相當於精神支柱瞬間崩塌了。

通俗地說叫：「你仍舊是我的軟肋，卻不再是我的鎧甲」。

被拋棄的一方會啟動一種，自己的所有人際關係將要破裂的恐懼，進而陷入一種「內部掙扎」的狀態（Campbell, Simpson, Boldry, & Kashy, 2005）。

掙扎什麼呢？掙扎一個其實你早就知道的答案。

這個答案很簡單，簡單的很遺憾。

當你問他到底有沒有和她擁抱？他沉默了，你不要再問了，沉默就是答案。

當你邀約她一起回家去見父母時，她遲疑了。別繼續邀約了，遲疑就是答案。

當妳病的很厲害，他只是托你朋友拿藥來時，別問他為什麼？沒有主動就是答案。

在成年人的世界裡，沒有爽快答應就是拒絕，難道你從來都不知道嗎？

《前任3》裡，林佳分手後有一段時間是很糟糕的，幾乎丟了工作。她的閨蜜都不斷告訴他，孟雲和余飛都是渣男。

當她一個人旅行後，她突然發現，她在感情中失去了自我。為了孟雲的事業，電影也沒看成，答應的旅行也沒兌現過。

於是她發現，那種不怕受傷的支持，她做不到了。

孟雲分手後的前半段是快樂的，整天泡酒吧撩妹搞雙胞胎，期待著讓林佳後悔。可當激情褪去，他突然羨慕起余飛和女友那種「藉著吵架的梗，撒著思念的嬌」的浪漫。

電影裡說過：「一切看起來都只是尋常，他就多說了那麼一句話，不經意間流露了真實的想法，而你就那麼敏感地感受到了，有一盞燈在你心中熄滅，有一扇門在你心底關閉。」

分手後期待讓對方後悔，其實還沒有想通。

你需要真正想通的是，我們到底在哪裡不適合？

明白了這一點，心裡的傷痛就會褪去，前任就會變一道回憶存在你心中，幫助你成長。

那時你會真正理解，**所謂戀愛，其實兩個強者之間的錦上添花，而不是弱者之間的相互取暖。**

如果你仍對前任戀戀不忘，你不妨去見他一面，你會發現他依舊是那個死樣。你所有對他的幻想，其實都不存在。

放前任走吧！你必須明白，現任就是你的成長，而因為成長，我們也可能說散就散。

婚後，有一種心理病正在毀滅女人

大年三十，四川郫縣黃立芳被丈夫王某砍斷雙筋，被郫縣人民醫院醫治。在醫生詢問原因下，黃女士支支吾吾，不肯說出實情，隨後醫生報警，最後在警方調查下，黃女士說出了事情的來龍去脈。

黃立芳的前夫去世後，苦命的她帶著女兒嫁給了資陽人王友，二人在郫縣安德鄉安了家。遊手好閒還酗酒的王友隨時打罵黃立芳，黃立芳為他生了孩子也沒有能改變悲慘的處境。

王友繼續閒散遊蕩，沒有經濟來源，黃立芳只好去成都附近加油站打工，家務事盡是前夫九歲的女兒做，母女倆就像奴隸一樣供養王友！

過年前黃立芳就回了家，商量大年十四要繼續去上班。但後來王友卻誣陷她是去見情人，把她綁在凳子上，用菜刀割了兩次，殘忍地挑斷腳筋！

原以為挑斷腳筋是一件極其殘忍的事，只有武俠小說裡，最惡毒的大反派才會使用的殘忍手段。當我在網上查資料時，發現這樣的事情比比皆是。

二〇一六年，因家庭矛盾糾紛，合肥一名女律師在外租房帶著孩子和母親居住，不料卻被登門的丈夫砍得傷痕累累，手腳筋被挑斷，其母親也身受多刀，顱骨被敲碎。

二〇一七年，某丈夫遊手好閒，其妻子不得已外出打工養家，後來聞人傳謠言，妻子在外接客，於是丈夫回家後暴打妻子和女兒，還挑斷妻子和女兒的手腳筋。

還有因為經期拒絕同房而被下毒手的，甚至有因為看電視聲音過大。

《隱藏的大明星》電影裡，我們也看到丈夫可能因為飯菜裡鹽味不夠，或者是妻子賣掉了自己的項鍊就對她大打出手。妻子向女兒解釋自己不能離開的原因是：家裡需要丈夫掙的錢來養家糊口。

但面對家庭暴力事件，一個令人費解的地方就是——這些案例裡，妻子賺的錢都遠遠超過丈夫，而丈夫往往好吃懶做。

既然妻子並不需要丈夫養活自己，為什麼還要逆來順受，從未想過自己早該遠離這樣心理與身體的雙重傷害？

也許她們害怕。事實表明，「離開」不會終止對方的暴力，而會使對方的暴力加劇。當女人用「離開」這種詞刺激到男人時，那些男人會展開憤怒的報復，不僅對他們，也對她們的家人。

許多男人會威脅自己的妻子「如果你離開我，我就殺了你父母，殺了我們的孩子，」並且事實證明，許多男人也真這麼做了。

但這存在一個邏輯缺陷，歹徒用人質要脅別人就範時，有一個前提就是，人質是在歹徒手裡。

歹徒若是有一分鐘沒有劫持人質，估計立馬就被「爆頭」了。

顯然，丈夫並不能無時無刻掌控自己的孩子或者家人，難道一點逃跑的空間都沒有嗎？

也許她們是為了孩子。很多妻子認為，一旦自己離婚，孩子就會失去父親陪伴的時間。她們害怕孩子會因此失去完整的家，導致心理出現問題。有幅漫畫深刻的體現了這個道理，做母親的很難拋下自己的孩子。

但這個理由也不完全說得通，如今的孩子雖小，卻也懂得察言觀色。他能從細微之處看出父母的關係是否親密，能看到這個家庭是真的幸福還是名存實亡。

對於孩子來說，「完整」不一定意味著「溫暖」。

孩子們寧願在單親家庭裡相依為命，也不願生活在「為了你才不離婚」的道德綁架裡，更不願生活在充斥著冷淡和暴力的「完整」中。畢竟假單親家庭比離婚更傷害孩子。

也許是害怕外界的流言蜚語？也許是害怕社會的偏見？

但如今，閃婚閃離也不是件稀奇的事，社會對離婚也不再持批判態度，況且，即便有一些閒言碎語，它比起家暴的精神折磨，實在是不值一提。

曾經法律方面的空白讓家暴猖獗一時，如今《反家暴法》的推出，家暴時報警，警方再也不得以這是「你們自己家的事」為理由拒絕出警了。更有許多明星被爆出家暴後，人氣一落千丈，如今社會對家暴的譴責是非常嚴厲的。

可是仍有相當一部分女人主動為家暴者開脫，幫助其逃避法律的懲處。

法官「殺不死的阿朱」曾在知乎上分享了一名被打斷鼻子的妻子寫給法院的「請求撤案信」。但「故意傷害罪」是國家公訴案件，這封諒解信顯然是無用的，最後法院認為情節太過惡劣，暴力傾向強，依舊給與重判。

反家暴一句「你為什麼不離開」是遠遠不夠的，這背後有很複雜的心理原因。

有一位長輩常年在反家暴的前線戰鬥，她不斷為遭受家暴的女性提供法律上和心理上的援助，已經幫助了上百女性脫離了家暴的噩夢。

在一次聊天中，她告訴我，女性脫離不了家暴的主要因素，還不是經濟、孩子或者社會偏見等原因。

長期遭受家暴的女性都有一個嚴重的心理障礙——對男方無條件的心存幻想。

她們渴望一段充滿傷害性的關係，經過重重考驗後，最終會變成一份充滿愛和溫暖的真摯感情。

她們相信，那個把自己打得傷痕累累的人，會有一天幡然醒悟，用盡一切去彌補自己的過失。

她們會選擇求助，甚至會選擇報警，但她們只是把這種行為看做是給對方的一種考驗，彷彿對方經歷了這一切後就會發生變化，變得珍惜自己。

家暴只有零次和無數次，受害者純粹自己在內心上演了一場原諒大戲。順便一提，國產家庭倫理劇似乎都是這樣的劇本。

比起離開所帶來不確定感，留下來繼續受虐要更容易一點，畢竟被傷害，早已經是家常便飯了。

黃立芳這樣被挑斷腳筋，醫生發現後還遮遮掩掩的，便是其中典型。

這樣的原諒病讓那些想幫助她們的外人產生「皇帝不急太監急」的感受，會讓受害者逐漸喪失離開家暴的力量和社會支持。

受虐女性綜合症原是一個社會心理學的概念，由美國臨床法醫心理學家雷諾爾・沃柯(lenore Walker)醫生提出，後來被引申到美國司法當中。

美國司法界人士和心理學家達成共識，在長期的家庭暴力之下，一個受虐待女性不離開的理由甚至可能不是心理原因，而已經是病理原因了。

在這樣的病理條件下，被害人的諒解行為，法院可以不予考慮。如果被害人驚恐過度，對傷害人進行了人身傷害，法院不予追責。

在家庭暴力迴圈理論中，包括四個步驟，並且它是無限迴圈，受害者將會一直停留在這個迴圈中：

1. 不安增加。
2. 暴力發生。
3. 施暴者道歉，但會繼續暴力行為，此時的暴力行為和受虐妻子的行為歸根毫無關係。
4. 暴力後的「蜜月期」。

在暴力後，施暴者會表現的非常溫柔，替受害者製造許多浪漫溫馨的幻象，兩人似乎又回到了最甜蜜的時期。這時受害者就會覺得他還是愛我的，只是打我的時候他太生氣了，他以後一定不會這樣了，於是重新陷入迴圈。

怎麼樣做才能防止出現這樣的心理問題呢？

心理學家發現，一個人出現受虐症狀以前，必然伴隨著個人價值的喪失。

一個人想虐待另外一方時，必然用一些巧妙包裝過的話語來抹殺對方的個人價值。

被指導老師無限壓榨的石博士曾經和我說過，他之所以這麼做，完全是「為科學獻身了」！

我告訴石博士，「為科學獻身」是指自己的智力如果投資到商業、官場、娛樂圈的話，會有大量的金錢、權力、名聲，但為了造福人類放棄了這一切。

他整天為指導老師報帳，替老師寫資料的行為，只能算「為導師獻身」，如果他有一個自己的科學研究天地，他能做出更多有價值的成果。

「年輕人要學會坐冷板凳」，是說年輕人不要浮躁，要用充分的成績證明自己；而不是說年輕人要把精力用去伺候老員工，看他們的臉色。

換到家庭裡，其實「沒了這個家，你什麼都不是」這個歪理根本不堪一擊，但很多人就是這麼不知不覺就把這種抹殺個人價值的歪理，潛意識輸送到妻子心中。

請學會在生活中抵制一切試圖讓你放棄自我意識的狗屁思想，要知道，灌輸你這思想的人，是在為虐待你做準備。

家暴一詞，因為暴前面加了一個家字，便立馬變得格外隱晦，且很容易無解。實施家暴的人，無論擁有著怎樣的受教育程度，都會在被發現、被質問的關頭喊出同一句話：我教訓我自己的兒子，我管我自己的媳婦兒，跟你有什麼關係啊？

這些人揚眉瞪眼的樣子，好似一條獨自占山封王的瘋狗。

可是，你是否想過，這個一個糟糕的人，也配宣稱擁有你嗎？

成熟的婚姻，不是精神和經濟的單方面扶貧

每到過年回家的日子，農村、鳳凰男[5]、相親、婚姻就成了熱門話題。兩個結婚的戀人，一起回家見父母總會暴露出一些巨大的矛盾。比如嫌棄奶奶做的菜不乾淨，嫌棄對方的故鄉實在太過貧窮，吐槽對方的家人太過奇葩。

今年春節，河北小夥子趙某帶重慶女友小顧回農村老家過年，女友的漂亮和洋氣讓鄉親鄰里誇讚不已，不料沒到兩天，女友就因為不做家事遭到了全家一致差評。

才一進家門，趙某的姐姐就對小顧不滿，理由是趙某家的太陽能熱水器被凍壞了，而小顧一個人梳洗就把家裡燒的所有熱水都用完了。

接著，大年初一，全家人要一起包水餃，小顧卻在臥室裡化妝打扮到十點後才出現，當母親請小顧來一起包水餃時，小顧卻以包不好為由拒絕，獨自坐在沙發上玩起了手機，趙

5 編注：鳳凰男指跟城市女生結婚的農村男生，貶義。

母見狀暗暗嘆氣。

趙某認為，小顧與家裡忙裡忙外的姐姐不同，每天像「翹腳老闆」一樣等菜上桌，還總說自己受不了當地寒冷的天氣。

十一點時，趙某姐姐率先指責小顧，兩人因此爭執了起來，最後小顧賭氣回臥室賭嘔氣。

「我爸媽都說妳懶，妳還是表現一下，讓大家認可妳啊。」初二晚上，趙某忍無可忍如此勸說小顧。

小顧認為，自己克服了天冷，不嫌飯菜難吃，還對大家客氣禮貌，明顯是她受了委屈。

第二天，小顧堅持提前回重慶，趙某陪同小顧一起回去，之後小顧認為兩人應該冷靜一段時間再聯繫！

趙某說：「這幾天她都沒有理我，我很迷茫。」

他的姐姐透過微信語音表示：「人家看不上我們家就算了，不合適別勉強。」

記者聯繫上小顧，小顧說自己並不是故意不想做家事，實在是適應不了那種天氣，冷得自己骨頭都痛。而且廚房是燒火的，洗菜也是冷水，她實在無從下手，她也跟趙爸爸趙媽媽解釋過了，但仍然得不到理解。

「我在家過年每天都睡到十二點，我在那邊每天九點起床，就是為了求一個好的印象，我還要怎樣？」

記者採訪的重慶心理專家認為，人與人相處，第一印象極為重要，因此第一次去公婆家，除了禮貌得當以外，主動做一些家務就顯得很有必要，既體現自己的勤勞，也用行動彰顯自己對男方的愛意。

但網友們普遍認為，上門是客，從來就沒有客人需要動手做家事的道理，即便是即將成媳婦的人，也要真的結了婚才叫家人。通常看到兒子帶女朋友回家，一般不都是包吃包喝外加送大紅包禮物的嗎？怎麼還要求別人做家務，難道是面試鐘點工？

以我的經驗來看，取悅別人，從來都是一場沒有回報的無底洞。尤其是要做自己不擅長的事去討好別人，最後的結果不僅會讓人反感，還委屈了自己。

我覺得這個故事的問題的關鍵不在於「小顧是否應該做家務」，而在於這個把女孩帶回家的男人，他不僅沒有表現出足夠的責任感幫助家庭接納女友，更缺乏情商和修養長久地維護這場來之不易的感情。

男生應當百倍珍惜那種能陪你吃苦的女生，卻不能把「媳婦應該適應我們家的生活」作為一種政治正確，要求別人降低自己的生活品質來迎合你。

這個男生需要明白，自己最喜歡女友小顧的是哪一點，如果喜歡她很漂亮，那必然在一些地方會有短處，即便是英雄也只能發展一項天賦專精，不可能又當坦克又當保姆。

另外，這個男生趙某是不是過於對自己的姐姐言聽計從了，當初追女神用了四個月，還沒結婚，就已經坍塌成「女僕」了嗎？

家裡人抱怨小顧不會包水餃時，男方完全可以說：「小顧她不擅長這個，等你們下次來重慶來，我們給你們露一手，地道的重慶小吃。」

姐姐指責小顧把熱水用完時，男方完全可以說：「都怪我，反覆交待她一定要打扮漂亮一點，我這就去燒水給大家，你們別急啊！」

在男方家裡，女人一個人是弱勢的，唯一可以站她這邊的人只可能是你，你就要充分分析雙方的習慣差異，提前在細節上做好準備，不能讓她備受委屈。

楊振寧娶了翁帆，那是智力差抹平了年齡差。

劉強東娶奶茶，那是用強大的經濟實力抹平了顏值差。

可是男人大腦裡仍然是「勤勞吃苦會幹活的女生旺夫，好看的臉蛋不出大米」這類上一輩人的思想，沒有足夠強大的經濟實力和成熟的人際交往情商，卻要求一個女生又漂亮又能幹，上得廚房下得廳堂，這是何等的癡人說夢。

所以我認為，如果這個女孩還就自己嫁給這個男孩，那只可能是一場不成熟的婚姻，更是一場單方面犧牲的精神扶貧。

請記住，愛一個人就請讓他的生活得到升級，而不是相反。

其實，新聞每年都會有類似這樣的事，我非常懷疑這事情的真實性。但這樣的事每年都引起群眾的巨大關注，表示這樣的問題真的很常見。

人們都說「門當戶對，真的是結婚的前提」，可是現在社會分層越發嚴重，很多人奮鬥一輩子就是要脫離原有的社會階級，脫離原生家庭的影響，大多數人本就不希望「門當戶對」。

當你從寒門一路打拼出來，好不容易在重慶這樣的大都市站穩腳跟時，你就必須清楚的知道，無論你今天如何顯貴，你和含著金湯匙長大的富二代依舊是有差異的，你和富養長大的都市女孩是不同的。

當一個女孩從眾多追求者中把你選出來的時候，你就必須明白，無論是你還是她，都不能回到過去的那種生活。

你會想起，你善良而膽小的媽媽，你樸實卻內向的父親，你勤勞而苛刻的姐姐。你一路看著她們長大，難道不知道，她們和女孩是活在兩個世界裡的人嗎？

難道你還不明白，有些差距得用巨大的代價去彌補？

難道你還沒有深刻體會到，自己無數個夜晚的加班，一次次在下班的電車上痛哭，一次次把已經快要爆發出的憤怒忍住，這都是為了什麼？

這都是為了讓我和我愛的人幸福，讓他們能在殘酷的世界裡能滋潤一點，讓他們能在強大的社會壓力下能有所選擇。

如果對自己的能力有所自信，那門當戶對就不是那麼重要了。

如果某一方缺乏創造價值的能力，那兩個人地位再匹配，走得快的一方早晚會拋棄走得慢的一方。

成熟的婚姻不是一場精神和經濟的單方面扶貧，婚姻是一場資源和性格的互補，雙方不需要誰融入誰的生活，雙方需要共同邁進一個更高的新世界裡。

一生都在和原生家庭對抗的人，始終沒有擺脫原生家庭

近日，有網友稱，自己的十歲小侄子，成績非常優秀，奧林匹克數學競賽、圍棋也都出類拔萃，但他卻說爸媽沒錢，不配有他這麼好的兒子。並且表示，自己努力優秀，就是為了能早日脫離無能無知的原生家庭。

有件事很令人驚訝，卻又不難理解。新聞的評論後，幾乎所有的網友都對十歲小朋友的話，表示了一致的聲援和支持。

有人認為十歲小孩子就能直戳應試教育的弊端，太成熟的孩子會活得很累！

有人認為孩子能清醒地看到階級固化的現實，太窮的父母別說生兩胎了，連生孩子的權利都沒。

還有人抬出了前段時間高考狀元的言論，什麼家庭環境太重要了，你努力的天花板只是竟然只是別人的起點。

這沒什麼問題，父母在責怪孩子不懂得感恩時，是應該要先問問自己給予孩子關愛了

嗎？

但一生都在和原生家庭對抗的人，就表示他一生都沒有擺脫原生家庭。

看到孩子的表現和言論，我不禁想起了一個人，一個聰明絕頂，甚至能成為影響整個世界的人。

他天賦異稟，如饑似渴的學習，取得了優異成績，獲得了師生的一致認可。

他全面發展，追求全能和強大的自己，當周圍人只懂得玩樂時，他更在意新生的事物（無人機）。

他討厭自己的父母，討厭兄弟姐妹，更討厭父母提起他。

他厭惡自己所屬的階層，能清晰地看到父母認知的缺陷，渴望力量（有錢）來改變這一切。

無疑，這個人便是湯姆．馬沃羅．裡德爾，只不過他的另外一個名字比較有名一點，大家都叫他「佛地魔」，或者是「名字都不能提的那個人。」

佛地魔的一生是強大但卻是悲劇的，他認為自己唯一的弱點就是死亡，為此給自己準備了六個魂器。

他心機算盡，即將一步步達到權力巔峰時，他敗了，敗在一個他至死都不願認可的魔法上。他無數次強調，這種魔法「幼稚、可笑甚至虛無」。

這個魔法的名字叫做——愛與被愛。
沒錯，小孩看到了很多我們在童年無法看透，直到成年都一直被折磨的事實。
那就是，我們一直都活在父母的虛榮心——這個他們稱之為「別人家的小孩」的噩夢中。
階級固化的今天，父母沒能力改變命運，卻渴望我們來幫他們過上好日子。可惜的是，他們根本不懂遊戲規則，只能逼我們努力。最終他們打著「為我們好」的遮羞布，讓我們早早地把力量耗在了無聊的「全班第一」上。
接著我們在他們的逼婚下，過早成立家庭，從此淪為既得利益集團龐大機器下一顆微不足道的螺絲，再也翻不了身。
是的，我們怨恨父母，所以大家支持前面那個故事裡的孩子，認為他打破了父母認知的天花板。
他確實早早的領悟了我們需要用十多年才能清晰意識的道理，可惜他腦袋裡缺乏了很重要的一環，而且很可能這一環會讓他今後所有的優勢化為虛無。
無疑這個孩子擁有超強智力和認知水準，但他的大腦卻沒有給他匹配相應的情緒感知技巧和管理能力。
鄧不利多說過，沉迷於虛幻的夢想，而忘記現實生活，這是毫無益處的。這裡的生活，無疑指的就是原生家庭。

原生家庭的影響你很難擺脫，它給了很多恥辱，但卻給了你一種渴望成功的執念。即便父母在這個過程中，缺少了愛，甚至是惡意的。

但你要做的是不是消除它，而是思考它、改造它，最終利用它。即便這個過程很痛苦，但思想上帶來的深邃將會讓你走得更遠。

這就是為什麼很多子女雖然萬般討厭父母，卻活成了他們的樣子和性格。對抗意識一旦形成，會潛移默化影響你的行為模式，在與他人的交往上，是不利的。

我們不能對十歲的孩子有過高要求，但假如我們是這樣的寒門之子，我們該做點什麼呢？

孩子和叔叔說，自然是想得到叔叔的支持。但這個叔叔並沒有想幫助他的意思，否則他應該去諮詢教育專家，而不是發微博，更像是一種「我家有一個奇葩，我想把他的奇事貼出來看看」。

雖說他匿名了，但顯然他表述的內容已經帶有過多的標籤（十歲，喜歡日系車、圍棋和直排輪、無人機），這是還是會讓孩子身邊的人辨認出他來，會給父母和孩子本身帶來壓力。

怎麼察覺出這種人？

當我發現一個人對某個群體有「絕對化傾向」的偏見時，我在和他們表達想法時，會很慎重選擇語言。因為我知道，這類人有很多偏執觀點，迫切需要別人認同。你說話不慎，會落人話柄。

什麼是絕對化？就是在語言中用詞喜歡覆蓋整個人群的，比如「現在的孩子真是現實到可怕」。

我為什麼說這個？我是想告訴你，寒門出身的「麻瓜」也是有與生俱來的力量的。這種力量就是感知別人和自己情緒，從細膩感情中尋找意志支撐的技巧。

而我見過的富裕家庭，也並不是你想的賺了錢就不理家。很多都很擅長和孩子溝通，懂得尊重孩子，給與孩子心理發展的空間。

這樣挺好不是嗎？

但你可曾想過，比起高端父母的引路，寒門父母所展示的「此路不通」，會更有厚重感。會讓你在拿了幾千元薪資後，就想包養女友的美夢驚醒；會讓你看到父親拿著卡去銀行排隊的顫顫巍巍，你會暗自握緊拳頭。

平凡人細膩而又瑣碎生活裡的情緒力量，不亞於先天有房有車。不過，大多數人都容易忽略它。

與原生家庭成員的互動模式會通過情感認知深入人的骨髓，當孩子意識「父母拿他當虛榮心」，他潛意識就會害怕，自己辛苦獲得的成績，綁定在了家庭的戰車上，使得他無法後退。

於是這樣的他，在於別人建立關係時，會顯得高傲，容易感受到侮辱，易怒而衝動。

這便是情感獨有的不為理智所理解的學習模式，你需要瞭解這一點，清晰了你性格形成的軌跡，就能勾勒出你命運的軌跡。

媽媽情緒穩定，是對孩子最好的教養

二〇一八年春晚，王菲和那英合作的一首〈歲月〉驚豔了大家，王菲自二〇一〇年春晚的〈傳奇〉後，再一次展示了她天后般的唱功。

王菲和那英早在一九九八年的春晚就合作了〈相約九八〉，當時兩人還正值芳華，一轉眼二十年過去了，兩人又再度為大家獻唱一首〈歲月〉。那時王菲的丸子頭造型還引得大眾爭相模仿。

在歲月面前，王菲從來沒有失去過氣度，反而多了一份自信和成熟。

轉眼間，王菲的女兒竇靖童也長大了，就在王菲上完春晚後，竇靖童在微博上發了一張她的老照片，還加上了一行字：看見沒，這是我媽，厲害嗎？

顯然，在竇靖童的心中，這個離婚多次的媽媽，依然是她內心中最為驕傲的天后。

為什麼呢？

陳小霞說過：「王菲有個特別的地方，就是唱每首歌都留有餘地，比如有些歌手內心明明是空的，唱情歌卻唱得哭爹喊娘，讓人沒有共鳴，而王菲內心有很多情感，情歌卻唱得雲淡風清。」

可以說，王菲對竇靖童最好的教育就是：

哪怕我內心翻江倒海，我也絕不在孩子面前怨氣沖天，我給你最好的關懷和快樂，而不是互相為對方的糟糕情緒買單。

王菲就是這樣一個人，她不在公開場合說道前任的不是，更不會因為過去的恩怨糾葛就奮起傷害對方。

所以她能在謝霆鋒被拍到和張柏芝親密時保持沉默，也能在數年之後高調複合。

所以她可以在竇唯出新曲時大加讚賞，可以在李亞鵬女兒過生日時送上祝福。

所以她灑脫至此，才能教育出內心強大的孩子，才能帶給所有人陽光。

也正因為這樣，王菲跟竇唯離婚後，有記者問：「打算給竇靖童找個什麼樣的爸爸？」

她說：「童童有爸爸，我要找的是自己的伴侶。」

又有記者問竇靖童：「如果妳母親和謝霆鋒結婚，妳會不會反對？」

竇靖童回答：「她開心就好。」

這樣的家庭模式值得我們當代人學習。

因為大多數人的家庭相處模式是這樣的：

「你知不知道，我和你爸爸沒有離婚，都是因為你！你要是不好好讀書，怎麼對得起我這份付出？」

「你怎麼能ＸＸＸ，我所做的一切都是為了你，你居然辜負了我的這份心意！」

不知道什麼時候開始，我們必須為他人的糟糕情緒負責，成了一種政治正確了。

負面情緒就像是無底洞，會把身邊的一切美好都吸進去，這是一種需要認識和消除的錯誤思維。

如果某個身邊的人擔當了這種負能量，那這會讓這份負能量實體化、合理化，那最終這份負能量就會瘋狂滋長，把人的心智徹底吞噬。

曹睿因為痛恨自己的父親曹丕曾經想殺他，就把一切仇恨記在了他的後母郭皇后身上，實際上他之所以能從曹丕的屠刀下活下來，全靠郭皇后保護。

但這份仇恨成了他一生的夢魘，逼得他年紀輕輕就去世了，他去世前才領悟過來，自己恨的不是郭皇后，而是年少時的無力。

「都是因為你，都是因為你把我害成這樣，我要你賠！」這是人喪失自我意識後的內心臺詞，也是毀滅自己和他人的開始。

一場血肉模糊的情感撕裂，不一定能毀掉你恨的人，但一定會毀掉愛你的人。

遺憾地是，現在中國的家庭倫理劇，為了極大地吸引眼球，總在放大人性醜陋的一面，總在拼命地渲染負面情緒。

而這樣的家庭劇不僅佔據了電視臺的主流，也讓父母沒日沒夜的追捧：求求你放過爸媽好嗎？

電視劇裡的中老年女性，總是不通情理、頑固不化，不是想控制自己的丈夫就是想控制自己的兒女，還總是肆無忌憚地發洩脾氣，不禁讓人聯想，是不是女到中年只有這一條路可以走。

而被迫害的女主角，一到矛盾衝突的關鍵時候情商就離線了，嘴巴就啞了，不僅不能回應別人，還總說些沒頭沒尾的話，扯出另外更大的誤會。

關鍵是這樣「有文化」、「有素養」、「善良體貼」的女性，永遠都做不出離開這個決定，只會強烈抗議、強烈憤慨，叫囂著「別以為我好欺負」。

你就是好欺負啊！**在人際衝突中只會隱忍，在矛盾暴露時只會哭訴，在看清對方後卻不能果斷離開，在經歷過無數次傷害，還是原諒對方的人，不欺負你欺負誰啊？**

而編劇為了所謂的大團圓結局，最後還是會莫名其妙的讓壞人變得「深明大義」起來，一些壞了幾十集的壞人突然「幡然悔悟」做出了一些小恩惠，主角瞬間把過去的一切都放下了，大家又開始其樂融融地在一起。

渲染人際傷害，卻又不敢挑戰所謂的「倫理」，給出正確應對方式，反而鼓勵全盤包容，這不僅是一個心理扭曲的劇本，更是一個畸形的時代觀。

電視劇裡的九〇後年輕人，都是叛逆的、任性的，為了一小點事情可以大發雷霆，聽了一點傳言就開始口無遮攔，因為一些猜想就可以記恨別人一生，會永遠漠視對方對自己的善意。

可怕地是，這樣的人往往能在社會上取得巨大成就，尤其在藝術上能得到國際上的高度讚揚。

突然發現，這樣的電視劇流行，是時代的悲哀。

當代人情商最大的低能就是：在表達喜歡時，不能讓對方感受到自己的心意；在爆發劇烈衝突時，不能更加藝術和有修養地表達憤怒。

在這樣的家庭倫理劇裡，這樣低能的情商被展現的淋漓盡致。

如果一個壞人，壞的動機如此之單純，壞到所有的惡意都輕易寫在臉上，壞到失去腦子，不問天時、地利、人和就頻繁出手。

這樣純粹的壞人在智慧者眼裡，只能是跳樑小丑，活不過三集。但在家庭倫理劇裡，卻是一座座跨不過的大山。

也許這些編劇們從來也沒意識到，一個情緒動盪的家庭，會對孩子的心靈有怎樣的破壞性作用，讓他們在每一次回家、每一次吃飯，每一次睡覺，都感覺到如履薄冰、戰戰兢兢。

不是所有孩子都有勇氣像《爸爸去哪兒》的 Jasper 一樣說出：「Can you stop angry now?」

也不是所有家長都能像陳小春一樣意識到，父母情緒不穩定，就像一把刀懸在孩子的頭上，讓他們無時無刻都在體會無力感。

不過這劇不是拍給孩子看的，不是嗎？

媽媽的情緒管理能力是如何影響孩子的一生？關於這個問題。曼徹斯特大學的心理學教授 Edward Tronick 做過一個非常著名的實驗——面無表情實驗（Still Face Experiment）。

1. 實驗之初，母親與孩子正常互動，孩子很開心。
2. 實驗開始，母親面無表情。孩子已經發現不對勁，開始想辦法引起母親注意。
3. 孩子繼續嘗試讓母親與自己互動，但是母親仍然面無表情。
4. 最後孩子開始崩潰哭泣。

心理學家 Bowlby 認為，孩子天生具有一種能力——確保被母親照料，會透過哭泣、攀抓、眼睛追蹤、微笑和牙牙學語來指揮母親。而母親天生也有這種回應信號的傾向和能力。在這種依戀行為和交互作用中，依戀產生，並最終影響個形成自我內在關係和與他人關係的內部工作模式。

這樣的依戀感被破壞的話，會在潛意識裡給人一種無法言說的不安全感，會讓孩子將來長大在選擇挑戰時，內心湧起莫名的恐懼感。而他卻沒法深入理解這一情緒的來源，他會誤以為是事情背後有難以言喻的風險，這會讓他放棄這次挑戰的機會，從而平庸一生。

可以這麼認為，父母在對孩子情緒表達的背後，隱含了某種被父母們堅信的世界觀和哲學觀，這種深層意識裡的內容，有極大可能會被孩子學習。

Fabes甚至認為，一個好的母親在進行情緒調節社會化訓練時，「有時候需要脫離自己的過往經驗」，以便符合教養的需要。

真正的情商高手，不僅善勝，更善敗，所謂敗而不恥，敗而不傷，才能笑到最後。如果一個家庭敗在了情緒宣洩上，那無論其他地方贏得多大勝利，在孩子內心世界建設這一件事上，就是極大失敗了。

所以，在竇靖童的心中，王菲永遠是一個表情搞怪的媽媽，永遠是一個內心強大的天后。這使得她無論離婚多少次，都不會對孩子內心造成傷害。

可以這麼說，在王菲的世界裡，壞的結婚，不如好的離婚。

結了婚後，如果家裡淪為一片情緒的戰場，那還不如客氣的放手，這樣才能給孩子和給對方，一個深情的擁抱。

過年不傷人，我們還是親戚

從我懂事以來，「親戚」就不是一個友好的詞彙，以致於我越來越害怕回家過年。相見時，他們身上沒有一點關懷，反倒熱衷於強行價值觀灌輸。

無論我做出了多大的成就，都比不上二狗子在小鎮當了個公務員有成就，都比不上三麻子已經要生第二胎有出息。

我想多讀幾本書，多看幾場讓我熱淚盈眶的電影，去幾個讓我終身難忘的地方。如果我開口說這些，他們一定會我說「讀書讀傻了」、「眼高手低」、「不務正業」、「不孝順的白眼狼」。

至於我現在還單身，那可是大逆不道的罪惡啊，親戚們輪番上陣勸你回頭是岸。

我們這一代人，有一些東西比鐵飯碗重要，有一些夢想比結婚生娃要優先，有一些情懷比當官更值得追求。他們不懂，他們也不想懂，他們陶醉在用自己的標準要求別人的虛偽成就感裡。

人生有太多的可能性，我可不想活成他們嘴裡的「成功人士」。

我是多麼懷念我的外公，他就像一個無所不知的說書先生，和你說曹操、說程咬金、說李鴻章。即便自己家裡不富裕，每次來串門都要我大包小包帶東西走。臨走時還悄悄塞給我一點錢，囑咐你去買你最喜歡的遊戲機。

遺憾地是，這樣的親戚不多了。

很多親戚是這樣的：來往不多，管的到挺多；生活品質不高，對你的要求挺高；格局不是很大，但口氣卻非常大。

古人說：富貴不還鄉，如衣錦夜行。可是現在，我們回家過年，哪敢露富？

快遞小哥，月入過萬，可是回家只敢告訴大家月入只有兩千，因為害怕別人借錢；明明幾千塊錢買的錶，都只能告訴親戚是三十塊錢買的，為的是不想替自己惹麻煩。

回家過年，親戚都愛問收入，其實是為了確認你活得是不是比他們差。若是，他們會數落你；若不是，他們會心懷怨恨。

有時候，你不得不感嘆，親戚比陌生人更難相處，因為我們可以選擇朋友，卻不能選擇親戚。

北大留學博士發長文與父母斷交，人很多時候都不同程度受到原生家庭的傷害，而原生家庭的觀念自然是來自原生家族。

但我們不能都選擇「出家」、「斷交」，因為「家」不是某個地方，也不是某一群人，家可以在這個世界上的任何一個地方，它是一段記憶，和一段成長、別離、團聚的中國式人生。

窗外喧嘩的鞭炮聲，盛宴過後一片狼藉的鍋碗瓢盆，更象徵了一個你這輩子無法逃離的漩渦，它的名字叫「中國式倫理」。

所以，親戚不是一句「別理他們」就沒事的，在家族這張人情網上，你需要學會和他們周旋到底。

可以說，過年，是一場沒有硝煙的戰爭。

《戰國策．五策》蘇秦說齊閔王曰：「臣之所聞，攻戰之道非師者，雖有百萬之軍，北之堂上；雖有闔閭、吳起之將，擒之戶內；千丈之城，拔之尊俎之間；百尺之沖，折之衽席之上。」

大概意思是說，這個世界最大的戰場，其實是在酒桌的方寸之間。過年時，當親戚開始進攻你的內心領地的時候，你便要學會正面反擊。

網路上給出的策略是這樣的。

如果親戚開始對你說教，你就開始共情：「七姑八姨，我知道你關心你，你從小都對我很照顧，你的心意我會記在心上的。」

其實這種做法不完全正確，它只適用於那些真正關心你的親戚。

可是，我們都知道，有些親戚對你的說教並不是關心你，而是為了壓過你。

那這個時候「我知道你關心我」，就成了一句十足的謊話。

本來就不是一個真實的情緒，我們為什麼要表達自己理解這個情緒，這種共情叫騙情，這不僅會讓親戚「關心你」這個虛假理由合理化，也讓自己顯得虛偽。

最要命的是，如果他也覺得他是在「關心你」，那這個話題停不下來了。

網路上又有策略說：「你可以轉移話題啊！」

事實證明，話題很難轉移過去，別人會用「這個事不著急，要優先解決你的ＸＸ問題」這個句式繞回來。

而且，你轉移的這個話題要是也是觸及對方敏感地區，對方很可能會更加不屈不饒。

他們向來這樣，侵犯你的私密時，他們渾然不覺；一旦被輕微冒犯，他們會一直記在心裡。

其實，不要怕被人記恨。兩個人真正做到彼此相互理解，那一定是經歷了多次的衝突與和解這個迴圈。無論是你和親戚，還是你和你的童年夥伴，都是這樣。

但反擊親戚，就要更加藝術一點，因為他有「長輩」這個道德盾牌。同時，也有很多觀眾，他們多半不講道理只講倫理。

正面反擊過分討厭的親戚，有三個技巧：

1.情緒上要表達憤怒和不悅，但語言上不能有攻擊性詞彙。

有一個小夥子被姨媽嘲諷不結婚，還得出結論「讀書沒什麼用」，而姨媽自己的孩子卻已經離婚兩次。

小夥子這時候回答：「原來您孩子不讀書，是為了多結幾次婚啊？」

雖然踩到了姨媽的痛處，但姨媽竟一時找不到理由反駁。

2.用對方原本的邏輯，把話題的矛頭由自己，轉移到對方身上。

有網友分享了自己回擊親戚惡劣玩笑的經驗：

我剛結婚的時候，跟老公的親戚吃飯。那邊的惡趣味就是喜歡開兒媳婦跟公公的玩笑。剛坐下一個男的說：「哎，坐妳公公腿上去啊。」

我立刻笑了：「哦？你老婆當初也是坐你爸腿上的？」

他愣了一下說：「都要坐都要坐。」

我說：「你急什麼，以後你女兒結婚了，有的是機會坐啊。」

3.用影射的方法回擊，避免矛盾擴大。

某叔叔（沒什麼印象），聽說已經上三十歲後，突然語氣狂躁地說：「三十歲，存款也該有一百萬了吧，我姑爺今年剛三十，已經有五套房了，新買的特斯拉還沒有到貨。」

本不想搭理，恭維兩句走人，但他的下一句話徹底激怒了我：「讀什麼研究所啊？我女婿大學沒畢業就出來工作了，現在什麼教授博士，在他面前跟狗一樣！」

我立即反擊道：「您看您這麼崇拜你女婿，提起錢眼睛都放光，就好像您說的那什麼似的。」

要想鼓勵一個人的行為，你要讓他得到滿足。要想阻止一個人的行為，不是靠求饒或者威脅，最好的方法，還是讓他得不到他想要的東西。用在人際關係裡，那就是自討沒趣。

任何一段關係要想舒服，都依賴一個詞「深刻」。

學會對出口傷人的親戚反擊，不是為了宣洩情緒，而是用一種直觀的態度告訴對方：我們必須重新審視我們的關係。

世上最悲哀的，莫過於被上一代操縱的人。

路遙在《平凡的世界》裡說過：人和人之間的友愛，並不在於是否是親戚。

是的，血緣不是一個人的枷鎖。雖說夏蟲不可語冰，但對於那些無視個人發展，只看重傳宗接代的親戚們，你還是需要和他們理一理。

一來你可以考驗下你長久以來所堅信的東西會不會被輕易打垮，二來你會珍惜你現有的生活，你會明白時代變遷導致的階級固化，是有多麼的厚重和不幸。

願你有一群親戚，更有一群親人。

華人家庭式「潑冷水」，會吃人

林叔是一個廳級領導，官場上口碑一片倒的好。我曾經見過他因為一件事，打了三個電話給不同的人，無論是打電話的順序，還是電話裡的語氣，都顯示了人情練達的極高智慧。

遺憾地是，他的兒子小胖剛上國中，就已經不和父母講話了，成績更是一落千丈。

林叔告訴我，父母對小胖都很好，想要什麼買什麼，家族沒有精神病史。但小胖脾氣很怪，一言不合就砸東西。放學回家就把自己鎖在房間，班主任說這孩子沒什麼朋友，對什麼活動都不上心，懷疑是不是自閉症。

我堅持見一下孩子，這樣才能對症下藥。

小胖特別喜歡玩王者榮耀和絕地求生，我就以招募電競主播的平臺經紀人這一身份，約好小胖和林叔放學後在一家西餐廳見面。

聊了一個多小時我就發現，並不是孩子出了什麼嚴重心理問題，而是父母在教育上已經病入膏肓了。

這次見面機會來之不易，但林叔卻非常不珍惜，言語中充滿對小胖的潛在攻擊，假如我是小胖，我也要遠離這樣的父母。

小胖並沒有什麼自閉症，之所以不想和父母聊天，單純是因為父母情商低。林叔的聊天模式，可以說是當代家長的通病，具體表現有二。

1. 小題大作，生活上的一點細節，會被無限放大到人格的缺陷，或是什麼成長過程中的「不治之症」。

小胖：「老師，我想去日本學動漫。同學阿威和我說，如果你去日本學配音，將來回國做一個聲優，一個月幾萬塊錢輕鬆。」

其實我也知道，這計畫略有點不靠譜，但我還是鼓勵他。

我：「是啊，現在國漫的配音感覺怪怪的，可能我日語的聽習慣了。你加油努力，有一天你也可以成為我欣賞的聲優——速水獎。」

林叔：「你還去日本，前幾天剛好是南京大屠殺公祭日你知道嗎？阿威那種小流氓，他的話能信？況且你還會抽煙，一張口牙齒都是黃的，怎麼當配音？」

小胖：「我只抽過一次！」

林叔：「你還和ＸＸ家的小紅有聯繫嗎？」

小胖：「沒聯繫了，她又不來找我。」
林叔：「那你要找她的啊，你這種躲在家裡不和別人來往，以後誰和你交朋友。」
小胖：「……」
林叔說的話無比正確，正確到連我都沒法反駁，正因為我沒法反駁，我自然也沒法接話。只是我很好奇一點，人與人之間交流，非得是某一方觀點戰勝另一方的關係嗎？

2.無論聊什麼，談話的矛頭都會對準孩子，話題總是圍繞孩子的不足。

當聊天氣氛已經凝固時，林叔都還不忘打擊小胖。
小胖：「我想再來份牛肉。」
林叔：「你還吃，我們家沒有肥胖的基因。」
小胖：「我一般是玩猥瑣流的，但現在沙漠地圖太大了，新圖裡我都吃不到雞！」
林叔：「雞肉你少吃點，你知不知道一胖毀一生。」
我：「林叔，他說的吃雞是指遊戲打贏了，不是真的吃雞肉。」
林叔：「遊戲也少打點了，一整天坐著哪有不胖的。」
林叔：「你別不說話，老師來了，你要和他說說學校裡的事！」
小胖：「老師，我告訴你，我們班主任居然穿著黑絲襪來上課！」

我：「哈哈，你們老班平常也這麼潮嗎？」

林叔：「你別一天挑班主任毛病，她上次還跟我說你……」

我很想告訴林叔，罵胖子只會讓胖子變得更胖。

近日，美國佛羅里達州立大學一項最新研究顯示，因刺激某人減肥而說人胖，效果將適得其反，叫人「胖子」對方會變得更胖。

研究表明，當肥胖者受到歧視時，他的沮喪情緒會讓其自閉，從而減少身體消耗。他很多時候吃也不單是因為饑餓，而是通過吃帶來的快感，消除人際壓力。

這次會面的結果就是，小胖說他去上廁所，然後就一去不回，過一會兒他媽媽打電話來，已經回到家鎖上門了。

等你長大後，你會發現你的父母都很像林叔，只不過他們是拿你「沒結婚」這件事來說而已。

同理，越是責備你「沒結婚」，會變得更加不願結婚。

家有時候真的很難成為你的避風港灣，因為在父母眼裡，你總是長不大的孩子，而且渾身都是毛病。

家長喜歡透過「潑冷水」這種方式，來展現自己在智力上的優越感，從而表達一個潛在觀點「你所做的都是錯的，只有在我的領導下，你做的才會正確」。他們想挽回自己在教育上對孩子的失控，然而這種方式，只會讓孩子與他們日漸疏離。

如果父母總是不能認可我們，那我們還有必要和他說什麼嗎？

在日劇裡，最終的邪惡大魔王往往都是這麼產生，不擇手段想要超越父親，其實是為了獲得他的認可。

對於我們普通人，父母的「善意批評」會在不經意間影響自己，會束縛自己前進的腳步。

嚴重點還會形成人格上的缺陷，即父母一再強調「你改不了的毛病」，就真的改不了了，因為自己雖然知道父母說的有點道理，但更多的情緒則是和父母的對抗，會反其道行之。

最糟糕的一點是，這種「潑冷水」式的人際交往模式，會讓人誤以為這是親密關係的象徵。

「為你好才說你，別人哪管你啊！」這句話莫名成了一種政治正確，很多人就是這麼把人際關係搞砸的，他們以為批評和揭露是一種「正直的品質」。

常說「良藥苦口利於病，忠言逆耳利於行」，其實這句話不太正確。

批評別人不是必定導致人際關係的惡劣的原因，指出別人的錯誤，也經常能獲得別人的尊敬。

當代人在批評上，一個嚴重的誤區就是——「為了否定而否定」。即她們是批評別人，更多是為了獲得自我認同感，而不是真心想幫助和保護別人。別以為大家看不出來，前者在批評你時，情緒會洋溢起一種自我優越，而後者更多表現出擔心和關懷。

也就是說，人們接不接受批評，主要取決於批評者的態度，實際他們不一定能分辨批評的內容是否真實。

自我抬高式的批評，真實與否都沒必要聽。因為生活經驗告訴我們，這種批評坑人的次數要多過幫助的次數，更何況它還有強大的情緒負擔。

「欲進先退、以史為鑒」這是古代臣子的進諫藝術，也就是說，一個真心為你考慮的人，是不會咄咄逼人的，會考慮我們的情緒的。

總給別人潑冷水，結局就是，會被人燒開了潑回去。

有趣地是，生活中喜歡潑我冷水的人，我發現他們實際並不比我強。另外，我發現我也沒必要向他們證明自己，因為我發現他們的邏輯只是自己的邏輯，並不是這個世界的邏輯。

一個好的勸阻，其實是不用「潑冷水」的，只需要提問就行了。通過一系列的提問，可以引導對方思考到你想要表達的內容。比如，我希望林叔停止他錯誤的教育方式。

我告訴林叔，別總把孩子「叛逆」掛在嘴邊，人的本能會遠離討厭他的人。

林叔：「他身上還有哪一點值得我誇？我要不改了他身上這些毛病，他以後走入社會就完了！」

我：「嗯，您很關心他，我也希望他把您的話聽進去，可是今天不歡而散了，我們還有什麼方法，可以三個人一起坐下聊聊？」

林叔：「……要不，周老師，您單獨約他聊聊？」

我：「我和他相處融洽沒問題，但您也發現了，我很迎合他，這會不會顯得我和您反差太大？」

林叔：「您也可以找機會說說他。」

我：「要說服他更加接受父母嗎？您覺得我該從哪幾方面入手？」

林叔長嘆一聲，然後說：「也許我把官場的習慣帶到家裡來了！」

我：「沒啊，聽說官場上說話聲音大點都能斷送一個人的前程，這個您比我瞭解。」

林叔：「周老師，您說吧，我該怎麼做？」

很多讀者跟我說，和自己家人說話也要注意修辭和細節，那樣活的太累了。難道最親近的人，不該真誠嗎？

孔子曾經提出「六言六蔽」說，所謂六言是指仁、智、信、直、勇、剛六種品德，孔子認為，當六種人類最高尚的品德失去了禮數時，那會轉變為很大的禍害。

愛好仁德卻不學禮度，它的弊病是會變得愚蠢；愛好聰明才智卻不學禮度，它的弊病是放蕩不羈；愛好講誠信卻不學禮度，它的弊病是容易被人利用，害己害人；愛好直率卻不學禮度，它的弊病是因急切而傷害人；愛好勇敢卻不學禮度，它的弊病是搗亂闖禍；愛好剛強卻不學禮度，它的弊病是膽大妄為。

所以，我們所有優秀品質包括真誠，都必須要充分考慮對方的立場，分清自己人際邊界，用孔子的話說，這叫禮度。

周國平曾說：真誠如果不講對象和分寸，就會淪為可笑。真誠受到玩弄，其狼狽不亞於虛偽受到揭露。

所以我認為，良好的人際關係是兩顆心互相溫暖，而不是一顆心對另一顆心的折磨。

高寶書版集團
gobooks.com.tw

高寶文學 047
別讓情緒毀了你的努力
作　　者　劍聖喵大師
主　　編　楊雅筑
封面設計　黃馨儀
排　　版　賴姵均
企　　劃　何嘉雯

發 行 人　朱凱蕾
出　　版　英屬維京群島商高寶國際有限公司台灣分公司
　　　　　Global Group Holdings, Ltd.
地　　址　台北市內湖區洲子街 88 號 3 樓
網　　址　gobooks.com.tw
電　　話　(02) 27992788
電　　郵　readers@gobooks.com.tw（讀者服務部）
　　　　　pr@gobooks.com.tw（公關諮詢部）
傳　　真　出版部　(02) 27990909　行銷部 (02) 27993088
郵政劃撥　19394552
戶　　名　英屬維京群島商高寶國際有限公司台灣分公司
發　　行　英屬維京群島商高寶國際有限公司台灣分公司
初版日期　2020 年 02 月

國家圖書館出版品預行編目 (CIP) 資料

別讓情緒毀了你的努力／劍聖喵大師著．-- 初版．--
臺北市：高寶國際出版：高寶國際發行，2020.02
面；　公分．--（高寶文學：047)

ISBN 978-986-361-800-3(上冊：平裝)

1. 情緒管理　2. 通俗作品

176.52　　108023418

GOBOOKS & SITAK GROUP ©